Andrea Reichart
und Peter Gustav Bartschat

Bücher welken nicht

319 Stilblüten, 86 bibliographische Quizfragen und 6 Kurzgeschichten aus dem und über den Buchhandel, garantiert ohne Vor- und Nachwort

Eichborn Verlag

Cartoons von:
Peter Gaymann
Manfred B. Limmroth

CIP-Kurztitelaufnahme der Deutschen Bibliothek

Reichart, Andrea:
Bücher welken nicht : 319 Stilblüten, 86 bibliogr. Quizfragen u. 6 Kurzgeschichten aus dem u. über d. Buchh., garantiert ohne Vor- u. Nachw. / Andrea Reichart; Gustav Bartschat. — Frankfurt am Main : Eichborn, 1986.
ISBN 3-8218-1837-9
NE: Bartschat, Gustav:

 · Cover: Uwe Gruhle unter Verwendung einer Zeichnung von Stano Kochan · Gesamtherstellung: Fuldaer Verlagsanstalt GmbH · ISBN 3-8218-1837-9 · Verlagsverzeichnis schickt gern: Eichborn Verlag, D-6000 Frankfurt 70.

DIE WAHRE TAT DES HEINRICH SCHLIEMANN ODER: BUCHHANDLUNG – LEGENDE ODER WIRKLICHKEIT?

Er gilt als der Begründer der modernen Archäologie, und wenn heute sein Name fällt, so denkt jeder gleich an seine große Pioniertat: die Ausgrabungsarbeiten fern jeder Zivilisation im tiefsten Inneren einer westdeutschen Großstadt, mit denen er bewies, daß die legendäre *»Buchhandlung«* keine Erfindung war, sondern tatsächlich existiert hat.

Aber wer kennt schon den Menschen Heinrich Schliemann, der sich hinter diesem Bild verbirgt? Wer weiß von all den persönlichen Kleinigkeiten, die uns das Wesen eines Menschen erst wirklich offenbaren? Nur wenigen Historikern war bislang bekannt, daß Schliemann Oberhemden mit langem Arm bevorzugte, daß er im Durchschnitt drei Mahlzeiten täglich zu sich nahm und regelmäßig atmete, um seinen Körper mit Sauerstoff zu versorgen.

Er wurde in jenem Jahr geboren, in dem das große Fischstäbchensterben die Massenmedien erschütterte, ein Ereignis, in Vergleich zu dem Schliemanns Geburt verhältnismäßig unbedeutend erschien. O ihr Journalisten, hättet ihr gewußt, was ein Vierteljahrhundert später geschehen sollte!

Der junge Heinrich verlebte eine glückliche und unauffällige Jugend, die nur kurz dadurch getrübt wurde, daß man ihn unter der Beschuldigung, unzüchtige Handlungen an einer minderjährigen Digitaluhr vorgenommen zu haben, zu dreizehn Jahren Gefängnis verurteilte. Als er die Strafe verbüßt hatte, war auch die Jugend vorbei, so daß wir gleich zum nächsten Abschnitt kommen können. Diese Haftstrafe, verbunden mit dem Verlust der bürgerlichen Ehrenrechte, wie dem passiven Wahlrecht und dem Lesen von kyrillischer Schrift, scheint ein Trauma ausgelöst zu haben, denn verschiedene historische Quellen belegen, daß er sich bis einschließlich 1898 weigerte, einen Hosengürtel zu tragen und statt dessen einen dressierten Aal benutzte.

Golo Mann führt abweichend davon in seiner Heinrich-Schliemann-Monographie überzeugend aus, es habe sich nicht um einen Hosengürtel, sondern um eine Gürtelrose gehandelt, es könne jedoch auch Kasseler mit Klößen gemeint gewesen sein.

Nach seiner Haftentlassung nahm Schliemannn eine Stelle als Marktschreier im Großmarkt an, wurde von dieser jedoch nicht vollständig ausgefüllt, da der Verkauf von Groß immer stärker zurückging.

Eines Tages begegnete ihm hier der Mann, der, ohne es zu wissen, sein ganzes weiteres Leben beeinflussen sollte. Seine Identität ist auch heute noch in Fachkreisen stark umstritten. Einigkeit herrscht nur im Hinblick darauf, daß es sich um Detlev Detevau handelte, geboren am 10. 8. 1954, 179 cm groß, Schuhgröße 42, wohnhaft Gemarkenstraße 13. Dieser Detevau war ein ehemaliger Stadtstreicher. Nachdem die Verwaltung jedoch beschlossen hatte, die Stadt in Zukunft nicht mehr streichen, sondern regelmäßig reinigen zu lassen, hatte er seine Anstellung verloren und war dem Alkohol verfallen. Er pflegte tagsüber durch die Straßen zu wandern und dabei laut Passagen aus Werken der Antike zu zitieren.

Gerade als er an Schliemann vorbeikam, deklamierte er eine Stelle, in der es über ein Ladengeschäft hieß: »*... unt sy ferkauffeten der Bycher vyle ohn Unterlasz.*« Der noch junge Schliemann war von diesem Satz sofort fasziniert, und zwar in einem Ausmaß, dessen nur der Geist eines wahrhaft großen Mannes fähig ist oder der eines Dreijährigen.

Was war mit diesem Zitat gemeint? Eine Buchhandlung? Eine Apotheke? Eine 38er Smith & Wesson Automatik? Niemand vermochte ihm darauf Antwort zu geben. Ja, als er bei einer Institution namens »Börsenverein« Erkundigungen einzog, lachte man ihn nur aus und speiste ihn mit dem Satz ab: »*Aber junger Mann, das sind doch alles nur Märchen!*«

Doch jetzt war sein Ehrgeiz geweckt. Ein Text mit so detaillierten Formulierungen k o n n t e nicht der Phantasie eines Dichters entsprungen sein.

Er gab seine Stellung im Großmarkt auf und widmete sich ganz der historischen Forschung. Nach jahrelangem zähem Suchen stieß er schließlich bei einem seiner zahlreichen Besuche in verschiedenen Universitätsarchiven auf der dortigen Toilette auf eine Schriftrolle, deren Text besagte, daß »... *die Buchhantlung gelegen wart an der Seyte der Strasze, unt hatte eyne Tyr unt auch zween Fenszter.*« Leider ist diese Schriftrolle der Nachwelt nur in Bruchstücken überliefert, da sie mit Ausnahme der Präambel »*Personen und Institutionen dieser Handlung sind frei erfunden. Jede Ähnlichkeit mit noch lebenden oder bereits verstorbenen Personen wäre rein zufällig*« verbraucht wurde. Diese Präambel ist heute unter der Bezeichnung »*Schliemannsche Apokryphe*« im internationalen Museum für Kultur und was die Regierung dafür hält in Winsen an der Luhe zu besichtigen.

Das Grundstück, auf dem Schliemann die historische Buchhandlung vermutete, befand sich in kommunalem Besitz, und die Gemeinde weigerte sich anfangs, die Erlaubnis zu Aushubarbeiten zu erteilen.

Um während der langen Verhandlungen mit der Verwaltung seinen Lebensunterhalt zu bestreiten und Kapital für die späteren Ausgrabungen zu sammeln, begann Schliemann als Schriftsteller zu arbeiten. Seinen ersten Erfolg hatte er mit dem Sachbuch »*Die Emanzipation ist erreicht*«, in dem er mit Hilfe der dialektischen Methode nachwies, daß 50 Prozent aller Eheleute Frauen sind.

Obwohl sie die dialektische Methode anerkannten, argumentierten zahlreiche Literaturkritiker, er hätte besser Hochdeutsch benutzt, und der Drucker meinte, noch besser wäre eine Schreibmaschine gewesen.

Jetzt, da sein Name im Gespräch war, schloß er taktisch geschickt einen Sammelband mit Gedichten an, der einen Querschnitt durch sein Schaffen, von seinem Erstling *»Mama, Pipi machen«* bis zu dem lyrischen Manifest *»Archäologie, verlaß mich nie«*, bildete. Mit letzterem erreichte er endlich auch die Öffentlichkeit, die ihn immer versagt geblieben war, vor allem in den Momenten, in denen er allein in seinem Zimmer vor sich hin gegrübelt hatte. Jetzt kamen die Erfolge Schlag auf Schlag: Die Gemeinde erteilte die Erlaubnis zum Beginn der Aushubarbeiten, und eine große Menge von Freiwilligen meldete sich zum Schaufeln. Nur die Firma Spatenbräu weigerte sich beharrlich, die so dringend benötigten Spaten zu brauen.

Doch da griffen alte Freunde helfend ein. Die ehemaligen Kollegen vom Großmarkt organisierten eine Benefizveranstaltung in den Räumen der Geschäftsführung, wobei sie ein altes Volksstück mit dem Titel *»Ich habe ihm ein Angebot gemacht, das er nicht ablehnen konnte«* aufführten. Als der Hauptdarsteller in seinem großen Monolog bewegt ausrief: *»Einen hübschen Laden haben Sie hier. Es wäre doch zu schade, wenn er in Flammen aufginge!«*, traten der Geschäftsführung die Tränen der Rührung in die Augen. Man entschloß sich zu einer größeren Geldspende, so daß die Werkzeuge endlich angeschafft werden konnten.

Jetzt wurde das große Werk schnell in Angriff genommen. Noch heute werden die Bürger an die großartige Eröffnungsansprache Schliemanns durch das Haus Scheppen in Werden erinnert, das ein Verehrer nach der Schlußformel benannte, in der der Archäologe auf einem Berg von Schutt stehend ausrief, daß *». . . wir bis hinunter zum Haus scheppen werden!«*

Schon nach wenigen Tagen war der erste Fund zu verzeichnen: Man stieß auf eine Kornflasche.

Vorsichtig gruben die Arbeiter weiter und legten bald weitere Artefakte frei, Flaschen, die Aufschriften wie *»Krombacher«*, *»Malteser«* oder *»Dujardin«* trugen. Kein Zweifel war mehr möglich: Sie waren auf die Überreste einer Buchhandlung gestoßen.

Überraschend für alle, die ihn kannten, verlor der große Archäologe plötzlich alles Interesse an seiner Lebensaufgabe und zog sich ins Privatleben zurück. Böse Zungen behaupten, das hätte daran gelegen, daß alle gefundenen Flaschen leer gewesen seien.

Auch sonst achteten die Zeitgenossen die Pioniertaten Schliemanns nach seinem Rückzug nicht in gebührendem Maße. Er starb wenig später in Armut und Einsamkeit, verbittert über eine Zeitungskampagne, in der er beschuldigt wurde, den Namen Yrrah bibliographisch falsch eingeordnet zu haben.

Neben seinen Leistungen für die Wissenschaft und

Kultur blieben auch seine letzten Worte auf dem Sterbebett unvergeßlich: *»Es ist gewiß, daß es ein Leben nach dem Tode gibt, aber ob mein bestelltes Buch jemals eintreffen wird?«*

Aus »Gaymann's Unheimliche Begegnungen«

»WAS? VERLAGE GIBT'S AUCH NOCH?« ODER: FRAGEN SIE IHREN BUCHHÄNDLER

Kundin: *»Kennen Sie dieses Buch?«*
Buchhändler: *»Nein.«*
Kundin: *»Würden Sie es mir denn empfehlen?«*

Kunde: *»Haben Sie ein Griechisch-Lehrbuch?«*
Buchhändler: *»Alt- oder Neugriechisch?«*
Kunde: *»Keine Ahnung, ich will's bloß lernen.«*

Kundin: *»Wissen Sie, meine Tochter liest so gerne gute Romane: Konsalik, Utta Danella, ... «*

Kunde: *»Ich hätte gern für hundert Mark Nietzsche.«*

Kunde: *»Ich suche einen Roman, der im alten Rom oder Ägypten spielt. Aber das soll kein Jugendbuch sein; ich möchte gern was Anständiges haben.«*

Kind eines Kunden beim Anblick von Melvilles ›Moby Dick‹: »Oh, kuck mal, der weiße Hai!«

Haben Sie irgendwas schweinisches?
Aber für Sie doch immer!
P. GAY

Kunde: »*Haben Sie ›Das große Heinz-Erhard-Buch?‹*«
Buchhändlerin: »*Ja.*«
Kunde: »*Wer hat das denn geschrieben?*«

Kundin: »*Haben Sie das Buch ›Prämierte Pferde‹?*«
Buchhändler: »*Wissen Sie, wer's geschrieben hat?*«
Kundin: »*Nein, aber das ist 'n Pferdebuch.*«

Kundin: »*Ich möchte gern ein Gesundheitslexikon haben.*«
Buchhändlerin: »*Eins für Laien oder eins für Fachleute?*«
Kundin: »*Nein, für leihen wollte ich das nicht. Ich wollte das kaufen.*«

Kundin: »Ich hätte gern ein Buch, wo alles drinsteht von A bis Z, aber kein Lexikon.«

Kunde: »*Ich hätte gern Grillparzer ›Weh' dem, der lügt‹.*«
Buchhändlerin: »*Macht eine Mark siebzig.*«
Kunde: »*Ich wußte gar nicht, daß leihen soviel kostet.*«

Kundin: »*Haben Sie das Buch ›Losgelöst‹?*«
Buchhändlerin: »*Ist das Lyrik?*«
Kundin: »*Weiß ich nicht. Das sind Gedichte.*«

Buchhändler: »*Dieser Roman spielt um 1930.*«
Kunde: »*Also im vergangenen Jahrhundert.*«

Kundin: »*Sie zeigen mir immer nur so geschichtliche Sachen. Haben Sie denn nichts für Mädchen?*«

Buchhändler: »*Möchten Sie das Buch haben?*«
Kundin: »*Weiß ich nicht, ich bin hier auch keine Bedienung.*«

Kundin: »*Ich hätte gern eine Gesamtausgabe von Wilhelm Busch, aber ohne Zeichnungen.*«

Kunde: »*Haben Sie noch Band 199 von den Taschenbüchern?*«

Kundin: »*Meine Tochter ist gerade auf dem Hitler-Trip. Das soll man ja nicht unterbrechen.*«

Kunde: »*Ich hätte gern Geschenkpapier oder 'ne Quittung.*«

Kunde, am oberen Ende der Kellertreppe stehend: »*Geht's hier in die erste Etage?*«

Kundin: »*Ich hätte gern ein Märchenbuch, wo so alle üblichen Märchen drinstehen, aber keine speziellen.*«

Kunde: »*Haben Sie ›Tim und Struppi‹?*«
Buchhändlerin: »*Die sind gerade unterwegs.*«
Kunde: »*Wohin?*«

Kunde: »*Haben Sie Tiergeschichten?*«
Buchhändler: »*Hier habe ich einen Band mit Tiergeschichten aus Amerika.*«
Kunde: »*Will ich nicht.*«
Buchhändler: »*Und hier noch Tiergeschichten aus Rußland.*«
Kunde: »*Ach Quatsch: Amerika, Rußland! Haben Sie nichts Vernünftiges?*«

Buchhändler: »*In diesem Roman geht es um einen Frachter, der atomare Abfälle transportiert, auf eine Klippe läuft und das ganze Mittelmeer zu verseuchen droht.*«
Kundin: »*Nein, das möchte ich nicht, das ist ja wohl zu unwahrscheinlich.*«

Kunde: »*Steht in den Büchern auch dasselbe drin, wenn das Titelbild dasselbe ist?*«

Buchhändlerin: »*Die beiden von Ihnen bestellten Bücher sind vergriffen.*«
Kundin: »*Ich hab' sie aber doch bestellt!*«

Kundin, auf Knaurs Jugendlexikon deutend: »*Ich hätte gern das da, aber nur in Tiere.*«

Kundin: »*Ich sehe da gerade eine Kinderbibel. Ist das 'ne Kinderbibel?*«

Kundin: »*Ich möchte ›Prinz Friedrich von Homburg‹.*«
Buchhändler: »*Die Reclam-Ausgabe?*«
Kundin: »*Nein, die von Kleist.*«

Kunde: »*Ich suche ein Jugendlexikon.*«
Buchhändler: »*Ein bestimmtes?*«
Kunde: »*Wieso? Gibt's da mehrere?*«
Buchhändlerin: »*Ja.*«
Kunde: »*Da bringen Sie mich aber in arge Schwierigkeiten.*«

Kundin: »*Ich verstehe nicht, daß Sie ›Essen, wie es war‹ nicht in Farbe haben.*«
Buchhändlerin: »*Aber damals gab es noch keine Farbfilme.*«
Kundin: »*Aber Filme gab's doch.*«
Buchhändlerin: »*Aber nicht in Farbe.*«
Kundin: »*Das verstehe ich nicht. Heute macht man doch alles.*«

Kunde beim Anblick von ›Was ist was‹, Bd. 5 (Vlg. Tessloff): »*›Die Entdecker‹? Sind da die Entdecker, was die so alles entdeckt haben, beschrieben?*«

Kundin: »*Sind Sie hier angestellt?*«
Buchhändler: »*Ja.*«
Kundin: »*Sie sehen aber gar nicht danach aus. Sie sind so groß.*«

Kunde: *»Wo kann man nachschlagen, welche Science-fiction-Bücher in den nächsten Jahren verfilmt werden, damit man die schon vorher lesen kann?«*

Kundin: *»Sagen Sie, junger Mann, wo ist denn hier die Information?«*
Buchhändler: *»Ich bin die Information.«*
Kundin: *»Und sonst haben Sie keinen?«*

1. Kundin: *»Oh, sieh mal, ein Tee-Buch. Sollen wir ihm das nicht schenken?«*
2. Kundin: *»Nein, Tee trinkt er nicht. Da kriegt er schwarze Zähne von.«*

Kunde: *»Ich suche ein Buch über Elektronik. Das kann ruhig eins sein, wo so alles von Anfang an drin erklärt ist. Also praktisch so wie das ›Dschungelbuch‹. Nur spannender.«*

Kunde: *»Ich suche Bücher von E. A. P. O. E.«*

Kundin: *»Ich suche ›Dolly‹-Bücher, aber nicht als Reclam.«*

Kundin nach einem Blick in den Fremdwörter-Duden: *»Nein, das ist doch nichts für meine Tochter, das ist sie schon drüber hinaus.«*

Kundin: »*Ich brauche den ›Kleinen Hobbit‹, aber möglichst als Taschenbuch, nicht so 'ne Kinderausgabe.*«

Kunde: »*Ich suche ein Fachbuch über Waffen und Pflanzen.*«

Kunde in der Jugendbuchabteilung: »*Ich suche ein humoristisches Buch, das heißt ›Das Privatkontor‹.*«
Buchhändlerin: »*Das ist aber für Erwachsene?*«
Kunde: »*Nein, nein, das ist kein Porno!*«

Kundin: »*Wo finde ich Kalender für neunzehnhundert ... neunzehnhundert ... für's nächste Jahr?*«

Buchhändler: »*Wir haben das Buch leider nicht vorrätig.*«
Kundin: »*Auch nicht, daß ich mal reinschauen kann?*«

Kind einer Kundin: »*Die blöden Bücher geh'n mich auf'n Geist!!!*«

Kundin: »*Von den Büchern, die ich suche, ist eines vergriffen, eins gibt's nicht mehr, und eins ist nicht mehr lieferbar.*«

Kundin: »*Haben Sie auch Bücher von Konsalik?*«
Buchhändler: »*Ja. Suchen Sie einen bestimmten Titel?*«
Kundin: »*Ja, ›Ben Hur‹.*«

Kundin: *»Ich suche ›Krieg der Sterne‹ in drei Bänden in einer Kassette.«*
Buchhändler: *»Gibt's nicht.«*
Kundin: *»Oder so ähnlich. Vielleicht ›Das schwarze Loch‹. Ist das nicht dasselbe?«*
Buchhändler: *»Nein.«*
Kundin, nachdem sie einen Zettel hervorgekramt hat: *»Ach nein, das hieß anders. ›Der Herr der Ringe‹.«*

Buchhändler: *»Kann ich Ihnen helfen?«*
Kundin: *»Nein, Sie verwirren mich nur.«*

Kunde beim Anblick von Tolstois ›Krieg und Frieden‹: *»Das müssen doch mehrere Bände sein, es sind ja auch mehrere Fortsetzungen im Fernsehen.«*

Kundin: *»Ich suche einen Arztroman. So einen, wo man nachgucken kann, was man machen muß, wenn die Kinder krank sind.«*

Kunde: *»Haben Sie Fußball-Märchen?«*

Kundin: *»Ich suche Diätkochbücher.«*
Buchhändler: *»Schlankheits- oder Krankheitsdiät?«*
Kundin: *»Krankheitsdiät.«*
Buchhändler: *»Die kriegen Sie drüben in der Medizin.«*
Kundin: *»Doch in der Medizin? Ich dachte, bei Gesundheit.«*

Kunde: *»Ich möchte ›Perry Rhodan‹.«*
Buchhändler: *»Welche Nummer?«*
Kunde: *»Sieben oder acht.«*
Buchhändler: *»Ist egal, welcher?«*
Kunde: *»Nein.«*
Buchhändler: *»Welcher ist Ihnen denn lieber?«*
Kunde: *»Das ist egal.«*

Kunde: *»Ich suche den ›Trixie-Belden-Sammelband‹, wo drin ist ›5 Freunde verfolgen die Stranddiebe‹.«*

Kunde, der einen Roman kaufen will: *»Können Sie mir den als ›Fachbuch Englisch‹ aufschreiben?«*
Buchhändler: *»Leider nicht, da ich mich sonst des Delikts der Steuergefährdung schuldig machen würde.«*
Kunde: *»Das verstehe ich. Aber können Sie mir's denn als ›Fachbuch Physik‹ aufschreiben?«*

Kunde angesichts eines beschädigten Buches: *»Mein Gott, das sieht aus, als wenn Sie hier mit den Büchern die Fliegen totschmeißen.«*

Kundin, empört: *»Ich suche die Kasse. Die ist immer woanders!«*

Buchhändler beim Ausfüllen eines Bestellformulars: *»Sagen Sie mir bitte Ihren Namen.«*
Kundin: *»Ich überleg' gerade.«*

Kunde: *»Ich suche eine Karte von Innsbruck im Maßstab 1:5.«*

Kunde: *»Fräulein, ich hätte gerne eine Radwanderkarte bis nach Australien.«*

Kunde: *»Ich brauche einen Stadtplan von Indien.«*

Kundin: *»Ich hab' mal 'ne Frage: Kann hier jeder kaufen, oder muß man erst Mitglied werden?«*

Kundin: *»Mein Neffe aus Kanada sucht ein Buch.«*
Buchhändler: *»Wo ist er denn?«*
Kundin: *»Da vorne. Er hat dunkle Haare und 'ne Hose an.«*

Kunde: *»Wissen Sie, ich hab' da mal so ein Zeichenlehrbuch zum Zeichnen gesehen. Das war aber kein Roman, sondern so 'ne Art Zeichenlehrbuch.«*

Kind einer Kundin beim Anblick eines Bildes von Jesus mit der Dornenkrone: *»Mama, was hat der denn für'n Geweih?«*

Buchhändler: *»Zu diesem Film gibt's kein Buch.«*
Kunde: *»Gar nicht?«*
Buchhändler: *»Gar nicht!«*
Kunde: *»Vielleicht bei 'nem anderen Verlag?«*

»Guck mal, da liest einer«

Kunde mit Gipsbein: »*Ich hatte ein Buch bestellt.*«
Buchhändler: »*Welches denn?*«
Kunde: »*Eine Motorrad-Reparaturanleitung. Aber die brauche ich jetzt nicht mehr. Ich habe die Kiste zu Schrott gefahren.*«

Buchhändler: »*Sollen wir das Buch in Geschenkpapier einpacken?*«
Kundin: »*Nein, ich zahle in bar.*«

Kunde: »*Wo haben Sie Bücher über Numanistik?*«
Buchhändler: »*Meinen Sie vielleicht Humanistik?*«
Kunde: »*Na, Bücher über Münzen.*«

Buchhändler: »*Sollen wir Ihnen das Buch in Geschenkpapier einpacken?*«
Kundin: »*Das ist wohl besser, denn ich muß nach Mallorca fahren.*«

Kundin: »*Eigentlich kaufe ich mir ja sonst alle Taschenbücher. Aber ich hab' schon fast alle gelesen, die es gibt, denn ich lese zwei in der Woche. Oder ist in letzter Zeit was Neues erschienen?*«

Kunde: »*Wo haben Sie was über Indien?*«
Buchhändlerin: »*Was suchen Sie da? Reiseführer, Bildbände oder Erzählungen?*«
Kunde: »*Nein, nein, ganz normale Bücher.*«

Kundin: »*Ich suche das Buch ›Dreyfuss‹.*«
Buchhändler: »*Suchen Sie einen Biographie oder einen Roman, in dem Dreyfuss vorkommt?*«
Kundin: »*Nein, das ist was über Seefahrt.*«
Buchhändler: »*Der Dreyfuss hat zwar auf der Teufelsinsel gesessen, aber ich glaube trotzdem nicht, daß Sie das Buch bei Seefahrt finden.*«
Kundin: »*Moment, ich hatte es mir aufgeschrieben* (zieht einen Zettel aus der Tasche). *Das heißt ›Drei Fuß Wasser unterm Kiel‹.*«

Kundin: »*Wo haben Sie die Bücher über Sticken, die Sie draußen im Fenster haben!*»
Buchhändler: »*Sind das gebundene oder Taschenbücher?*«
Kundin: »*Nein, das sind viereckige.*«

Kunde: »*Sie hatten mal annonciert ›Liebe, Spiel und Abenteuer‹.*«
Buchhändlerin: »*Ja, der Roman ist noch vorrätig.*«
Kunde: »*Was ist das? Ein Roman? Ich dachte, das ist ein Spiel. Ich wollte da mitmachen.*«

Kundin: »*Ich brauch so 'n Techniklehrbuch für meinen Sohn. Der muß da 'ne Hausarbeit schreiben. Der braucht das heute noch.*«
Buchhändlerin: »*Welcher Verlag denn?*«
Kundin: »*Was? Verlage gibt's auch noch?*«

Kundin: »*Ich möchte das neue Buch von Nostradamus.*«
Buchhändlerin: »*Das erscheint erst im nächsten Jahr.*«
Kundin: »*Nein, das stimmt nicht. Ich habe es auf der Buchmesse schon gesehen.*«
Buchhändlerin: »*Das muß ein Blindexemplar gewesen sein.*«
Kundin: »*Das ist ja wohl ein starkes Stück! Jetzt erscheinen die Bücher für die Blinden schon früher als die normalen Ausgaben.*«

Kundin: »*Geben Sie mir mal aus der Reihe ›Deutsche Kunstdenkmäler‹ den Band ›Venedig‹.*«

Kundin: »*Ich möchte gerne ›Faust‹ von Goethe; aber als Roman, nicht so in Gedichtform.*«

Buchhändler: »*War das ein Taschenbuch?*«
Kunde: »*Nein, es war gelb.*«

Buchhändler: »*Kann ich Ihnen helfen?*«
Kunde: »*Nein, ich kann allein lesen.*«

Kundin liest im Inhaltsverzeichnis eines Reiseführers: »*Können Sie mir ein Buch geben, wo das alles drin ist?*«
Buchhändlerin: »*Ja, Sie haben eins in der Hand. Da ist das Inhaltsverzeichnis.*«
Kundin: »*Ach so, ich dachte, das gehört nicht dazu.*«

Kundin: »*Fräulein, ich hätte gerne einen Bestseller.*«
Buchhändlerin: »*Von wem denn?*«
Kundin: »*Von Heinrich Heine.*«

Kundin: »*Wo kann ich das Buch abholen?*«
Buchhändler: »*In der ersten Etage.*«
Kundin: »*In der ersten Etage? Ist das oben?*«

Kundin: »*Ich hätte gern drei Sprachführer: einen für Florida, einen für Ohio und einen für Kanada.*«

Kundin: »*Ich hätte gern ein englisches Buch über Sterbehilfe.*«
Buchhändler: »*So etwas haben wir leider nicht.*«
Kundin: »*Es ist schon in Deutschland erschienen, hat aber einen englischen Titel. Es heißt ›Interviews mit Sterbenden‹.*«
Buchhändler: »*Das müßte ich bestellen. Es würde zwei Tage dauern.*«
Kundin: »*Dann könnte es zu spät sein. Aber ich riskiere es mal.*«

Kundin im Weihnachtsgeschäft zu einer Buchhändlerin: »*Kann ich Sie ansprechen, oder sind Sie auch knatschig?*«

Kundin: »*Das hätte ich gern dreimal, wenn's nicht mehr da ist. Ansonsten bestellen Sie's mir.*«

»Wer hat das sechste Buch aus der neunten Reihe aus der Verschweißung gepult?«

Buchhändler, auf eine Kollegin zeigend: »*Wegen Jugendbüchern wenden Sie sich bitte an diese kompetente Kollegin.*«
Kundin: »*An dat Mädchen???*«

Kunde am Telefon: »*Guten Tag, ich suche ein Buch. Vielleicht können Sie mir sagen, ob Sie so was haben.*«

Kunde: »*Ich hab's eilig. Geben Sie mir bitte das Sanskrit, aber vollständig.*«
Buchhändler: »*Das verstehe ich nicht. Sanskrit ist doch eine Sprache.*«
Kunde: »*Ich habe ein Büchlein, da stehen so lustige Sprüche drin. Und da steht immer drunter: ›Aus dem Sanskrit‹.*«

Buchhändler: »*Das Buch ist leider nicht vorrätig.*«
Kunde: »*Das kann ja wohl nicht sein! Im Katalog steht doch: ›Überall im Buchhandel erhältlich‹.*«

Kundin: »*Ich suche von Goethe ›Faust der Tragödie‹, aber nur den ersten Teil.*«

Kunde: »*Haben Sie auch Dramen hier oder so was?*«
Buchhändlerin: »*Was suchen Sie?*«
Kunde: »*Ich dachte an Büchners ... äh ... äh ...*«
Buchhändlerin: »*›Dantons Tod‹?*«
Kunde: »*Woher wissen Sie das?*«

Kunde: »*Ich suche ein Buch über diesen französischen Schauspieler.*«
Buchhändler: »*Wie heißt er denn?*«
Kunde: »*Das weiß ich nicht, aber der ist nächste Woche im Fernsehen.*«
Buchhändler: »*Und wie heißt der Film?*«
Kunde: »*Das weiß ich nicht.*«
Buchhändler: »*Kennen Sie denn vielleicht andere Filme, in denen er mitgespielt hat?*«
Kunde: »*Nein.*«
Buchhändler: »*Oder gibt es irgendeine bestimmte Art von Filmen, in denen er bevorzugt mitgespielt hat?*«
Kunde: »*Nein. Aber das ist so ein ähnlicher Typ wie James Dean.*«
Buchhändler: »*Gérard Philippe?*«
Kunde: »*Nein.*«
Buchhändler: »*Alain Delon?*«
Kunde: »*Nein.*«
Buchhändler: »*Wissen Sie denn etwa, wie alt er ist?*«
Kunde: »*Ungefähr vierzig.*« (Er bemerkt ein Buch im Regal): »*Ach, da ist er ja: Jean Gabin.*«

Kundin: »*Dieses Buch zu fünfzig Mark, wie teuer ist das?*«

Kundin: »*Ich suche etwas für einen Fünfjährigen; und zwar hat der unheimlich gerne was Gereimtes, also, was sich so reimt, in Reimversen.*«

Kundin: »*Wo haben Sie ›Die schönsten deutschen Liebesgedichte‹, die im Schaufenster sind?*«
Buchhändler: »*Im Antiquariat.*«
Kundin: »*Nein, das kann nicht sein. Die sind noch verpackt.*«

Kunde: »*Ich interessiere mich für Taschenlexika.*«
Buchhändler: »*Da gibt es das Meyer-Taschenlexikon. Das hat etwa 150 000 Stichwörter und kostet 189 Mark. Und dann haben wir noch das dtv-Taschenlexikon. Das hat 100 000 Stichwörter und kostet 198 Mark.*«
Kunde: »*Welches ist denn umfangreicher?*«

Kunde: »*Ich suche ein Buch über die deutschen Kolonien.*«
Buchhändler: »*Sie haben ja bereits eines in der Hand.*«
Kunde: »*Nein. Ich suche ein Buch über alle deutschen Kolonien.*«
Buchhändler: »*Genau richtig. Das Buch behandelt alle deutschen Kolonien.*«
Kunde: »*Aber da unten steht nur ›Südwest‹.*«
Buchhändler: »*Das ist der Verlag.*«
Kunde: »*Wie? Sitzt der da unten?*«

Kundin: »*Warum ist denn das so teuer?*«
Buchhändlerin: »*Bücher sind eben ziemlich teuer.*«
Kundin: »*Bei Büchern kann ich das verstehen. Aber das sind doch Gedichte!*«

Kunde: »*Haben Sie schon das Buch zur Fernsehserie ›E. T.‹?*«

Kundin: »*Haben Sie die ›Chronik‹?*«
Buchhändlerin: »*Meinen Sie die ›Chronik des 20. Jahrhunderts‹?*«
Kundin: »*Nein, die fängt mit 1901 an.*«

Kundin: »*Gibt's den ›Herrn der Ringe‹ auch als Taschenbuch?*«
Buchhändlerin: »*Leider nein.*«
Kundin: »*Den muß es aber als Taschenbuch geben. Karl May gibt's doch auch als Taschenbuch.*«

Kunde: »*Ich brauche Französisch für Anfänger mit Kassette.*«
Buchhändler: »*Sie meinen ›Französisch für Sie‹?*«
Kunde: »*Ja, das soll für mich sein.*«

Kunde: »*Ich hätte gerne ein Buch ... wie hieß das noch ... wie war das noch ... ich komm' gleich drauf ... wie hieß das noch ... ach ja: ›Gedächtnistraining bis ins hohe Alter‹.*«

Kunde: »*Verkaufen Sie?*«
Buchhändler: »*Nein, ich sortiere Prospekte.*«
Kunde: »*Entschuldigen Sie. Ich hätte schwören können, daß Sie dazugehören.*«

Kundin: *»Ich suche Bücher über alternatives Treckerfahren.«*

Kundin zu einem Buchhändler, der ihr gerade ein Buch empfohlen hat: *»Welches Sternzeichen sind Sie?«*
Buchhändler: *»Skorpion.«*
Kundin: *»Dann kaufe ich das Buch unbesehen.«*

Kundin: *»Wo ist denn Ihr Aufzug?«*
Buchhändler: *»Wir haben leider nur einen Lastenaufzug.«*
Kundin: *»Unterschätzen Sie mich nicht.«*

Buchhändler: *»Das Buch ist leider nicht da.«*
Kundin: *»Das kann nicht sein. Ich komme doch sonst immer zu Ihnen.«*

Kundin: *»Ich suche ›Die Räuber‹ von Shakespeare.«*
Buchhändler: *»Würden Sie eventuell auch die von Schiller nehmen?«*
Kundin: *»Nein, von Shakespeare.«*
Der Buchhändler führt anhand eines Kataloges den Beweis, daß Schiller der Autor ist.
Kundin: *»Das verstehe ich nicht. Warum sind die denn nicht von Shakespeare?«*

Kundin: *»Über das Buch möchte ich eine Quittung. Aber schreiben Sie bitte ›Bürokram‹ drauf.«*

Kundin: »*Ich möchte das Buch von diesem Rohmer, der immer solche Irrfahrten gemacht hat.*«
Buchhändlerin: »*Meinen Sie vielleicht Homer?*«
Kundin: »*Ach, dann hat mein Sohn mir das falsch aufgeschrieben.*«

Kundin: »*Ich möchte ein Gedichtbändchen von Konsalik.*«

Kunde: »*Ich suche Bücher.*«
Buchhändlerin: »*Was suchen Sie denn? Ich habe hier nur Belletristik.*«
Kunde: »*Belletristik? Ich will doch Literatur!*«

Kundin an der Kasse empört: »*Hören Sie mal! Der junge Mann da hinten hat gesagt, Sie führen keine Schlager. Und jetzt sehe ich hier Platten von Hermann Prey*« (schlägt mit der Faust auf die Kassentheke). »*Zum Donnerwetter! Das ist für mich ein Schlager!*«

Kundin: »*Ich möchte eine Ausgabe von Hermann Hesse. Da muß aber ›Sternstunden der Menschheit‹ drin sein.*«

Kundin: »*Ich hätte gerne ›Romeo und Julia‹ – aber nicht: Julia, Doppelpunkt, Anführungsstriche, und dann sagt die was — Romeo, Doppelpunkt, und dann sagt der was, sondern so als ein ganzes Buch.*«

Kundin: »*Ich suche das Buch von dem Königsberger.*«
Buchhändler: »*Von welchem Königsberger?*«
Kundin: »›*Mittwochsgespräche*‹ *heißt das.*«
Buchhändler: »*Ist das ein Roman?*«
Kundin: »*Nein. Der schreibt immer so lustige Sache in der WAZ.*«
Kunde: »*Wissen Sie den Vornamen?*«
Kundin: »*Nein. Der Königsberger ist das.*«
Buchhändler: »*Ich werde mal nachschlagen. So viele Königsberger wird's ja wohl nicht geben*« (schlägt das VLB auf). »*Oh, da gibt's doch einige.*«
Kundin: »*Was haben die denn zum Beispiel so geschrieben?*«
Buchhändler: »*Zum Beispiel* ›*Über die Darstellbarkeit von Überlagerungen eines Faserbündels als Faserbündel*‹.«
Kundin, nachdenklich: »*Nein, ich glaube, das ist es nicht.*«

Kunde am Telefon: »*Haben Sie* ›*Die Vorbereitung zur Gesellenprüfung*‹*?*«
Buchhändler: »*Haben Sie vielleicht den Autor?*«
Kunde: »*Ja, ein Auto hab' ich auch. Ich komm' dann vorbei und hol' es ab.*«

Kundin am Telefon: »*Ich rufe von der Schule für Hörgeschädigte an. Aber schreien Sie jetzt bitte nicht. Ich selbst bin nicht schwerhörig.*«

Kunde am Telefon: »*Ich war vorhin bei Ihnen im Laden, und da hab' ich ein Punk-Buch gesehen. Haben Sie das noch?*«
Buchhändlerin: »*Ich fürchte, da hat man Sie mit der falschen Abteilung verbunden. Wo haben Sie das denn gesehen?*«
Kunde: »*Da, wo die Bücher stehen.*«

Kunde: »*Wir haben uns gerade darüber gestritten, ob das ein Lexikon ist oder ein Brockhaus.*«

Kundin: »*Haben Sie Comics?*«
Buchhändler: »*Ja, die haben wir hier stehen.*«
Kundin: »*Das, was ich suche, ist aber nicht dabei.*«
Buchhändler: »*Was suchen Sie denn?*«
Kundin: »*Aus dem Reclam-Verlag, die kleinen für die Schule.*«

Kunde: »*Es ist jetzt vom Kultusministerium beschlossen worden, daß wir einige Schulbücher selber kaufen müssen. Welche sind da für die 11. Klasse?*«

Kundin: »*Ich suche von Fontane ›Frau Jenny Treibel‹ bei Heyne. Das ist der Verlag mit dem Fisch drauf.*«

Kundin: »*Wo gibt es Lexika?*«
Buchhändlerin: »*Gebunden oder als TB?*«
Kundin: »*Nein, von A bis Z.*«

Kundin: *»Ich suche ›Goodbye Jeanette‹ von Harold Robbins.«*
Der Buchhändler zeigt das Buch.
Kundin liest den Titel: *»Das ist aber der Roman.«*
Buchhändler: *»Selbstverständlich. ›Goodbye Jeanette‹ ist ein Roman.«*
Kundin: *»Aber es gibt doch noch das Buch.«*
Buchhändler: *»Glauben Sie mir: Das ist dasselbe.«*
Kundin: *»Da möchte ich lieber noch mal fragen.«*

Kunde: *»Sie haben da diesen Band ›Chronik der Deutschen‹. Wissen Sie, wann der etwa anfängt?«*
Buchhändler: *»Mit der Zeit der Germanen.«*
Kunde: *»Ich hatte mir nämlich letztes Jahr die ›Chronik des 20. Jahrhunderts‹ gekauft. Aber die fing leider erst mit der Jahrhundertwende an.«*

Kundin: *»In welcher Ecke haben Sie wissenschaftliche Bücher?«*
Buchhändler: *»Das ist unterschiedlich, je nachdem, um welche Wissenschaft es sich handelt.«*
Kundin: *»Na, für Studenten.«*
Buchhändler: *»Das kommt dann darauf an, was die Studenten studieren.«*
Kundin: *»Das weiß ich doch nicht.«*

Kunde: *»Ich heiße Schmidt. Ich habe ein Buch bestellt, das heißt auch so.«*

Kunde: »*Wo haben Sie Filmbücher über Filme?*«
Buchhändler: »*Da vorne, wo ›Filmbücher‹ steht. Suchen Sie etwas Bestimmtes?*«
Kunde: »*Eine Biographie über Jean-Paul Belmondo.*«
Buchhändler: »*Habe ich leider im Moment nicht da. Soll ich Ihnen eine besorgen?*«
Kunde: »*Was steht denn da drin?*«

Kundin: »*Ich möchte gerne ein Buch von Malpass. Es soll aber etwas Witziges sein.*«
Buchhändlerin legt einen Roman vor.
Kundin: »*Nein, das kann gar kein witziges sein. Das kostet sechs Mark achtzig, die witzigen kosten alle vier Mark achtzig.*«

Kundin: »*Ich hätte gern ein autogenes Buch zum Training.*«

Kundin: »*Ich hätte gerne ein Buch zum C-64 von Data Becker.*«
Buchhändlerin: »*Haben Sie einen Autoren?*«
Kundin: »*Wieso? Hat der Data Becker die nicht alle geschrieben?*«

Kundin zu ihrer Tochter: »*Jetzt gucken wir erst mal, ob das Buch da ist.*«
Tochter: »*Ich möchte nicht gern, daß das Buch da ist, weil ich lieber das andere möchte.*«

Eine Kundin sucht ein Buch für eine 13jährige. Die Buchhändlerin legt ihr ›Der wilde Hund Dingo‹ vor. Auf dem Titelbild ist ein Mädchen mit Pudelmütze in einer Schneelandschaft zu sehen.
Kundin: *»Aber doch nichts mit Schnee! Die fahren doch nach Spanien!«*

Kundin am Telefon: *»Verbinden Sie mich jetzt bitte noch mit Ihrer Abteilung für Prospekte.«*
Buchhändlerin: *»Wir haben keine separate Abteilung für Prospekte.«*
Kundin: *»Was mach' ich denn da? Tja, wissen Sie, ich suche nämlich eine Landkarte vom Harz.«*

DAS ABHOLFACH ODER: WO, BITTE, GEHT'S INS IRRENHAUS?

Wer kennt das Abholfach einer Buchhandlung nicht, und sei es nur als Ohrenzeuge erregter Auseinandersetzungen?

Zum Wohle aller Auszubildenden plädieren wir aus langjähriger bitterer Erfahrung ganz entschieden für ein zukünftiges innerbetriebliches Abholfachtraining unter gefechtsmäßigen Bedingungen, ehe der angehende Buchhändler auf natürlichem Wege in diese Abteilung hineingerät.

Folgende Fälle sollte man dort auf jeden Fall mindestens einmal ausprobieren und durchspielen, damit man nicht im entscheidenden Augenblick als Opfer eines Nervenzusammenbruchs schreiend aus der Buchhandlung rennt:

1. Kunde betritt die Abteilung, hat schon leichte Erstickungsanfälle vor Wut, rot, unterlaufene Augen, zuckt in unregelmäßigen Abständen. Kunde: »*Ich habe bereits vor 24 Stunden dieses Buch bestellt, war inzwischen sechsmal hier, und Sie wagen es noch zuzugeben, das Buch sei nicht da? Ich verlange mein Eigentum auf der Stelle!!!*«

Nun darf man nicht etwa sagen: *»Der Titel wurde beim Verlag bestellt, da müssen Sie mit zwei bis drei Wochen Lieferzeit rechnen ...«* oder: *»Der Titel ist zur Zeit leider nicht lieferbar, dürfen wir Sie vormerken für die Neuauflage?«* Man antworte vielmehr: *»Morgen ist Ihr Buch spätestens hier, und ich bringe es selbstverständlich nach Feierabend persönlich bei Ihnen vorbei!«* Dann lasse man sich nochmals den Verfasser, Titel, Verlag und ungefähren Inhalt nennen, notiere diese Angaben sorgfältig und beginne gleich nach Feierabend damit, das Buch für den Kunden neu zu schreiben. Zur Belohnung ist es einem dann wieder gelungen, einen guten Kunden zu behalten und zufriedenzustellen. Auch, wenn der Herr zufällig in Australien wohnt und leider nur eine Woche im Jahr hier zu Besuch ist. Auch dort im Outback sollte man uns kennen, das muß einem guten Buchhändler die Sache schon wert sein!

2. Früh morgens um 18.25 Uhr eilt eine Dame mittleren Alters höchst aufgeregt in die Abteilung und teilt dem erfreuten Buchhändler folgendes mit: *»Wissen Sie, ich benötigte damals (wann, weiß ich nicht mehr genau) für meine Großtante ein Buch (der Titel war so lang, den hab' ich leider vergessen), und ein Herr aus unserer Straße, ein entfernter Bekannter namens Schmidt, hat es hier bestellt. Ist es schon da?«* Nachdem man sich also mit einem Lächeln die wichtigsten Angaben notiert hat:

a) Name: Schmidt (Vorname leider unbekannt)
b) Titel: sehr lang
c) Bestelldatum: damals

schreitet man trotz des aufkommenden Schreikrampfes weiterhin gelassen lächelnd zum eigentlichen Abholfach. Wegen der Außergewöhnlichkeit und Seltenheit des Kundennamens muß man lediglich unter »Sch« sechs Regale überprüfen, was die Sache natürlich ungeheuer vereinfacht. Sollte die Sucherei länger als zwei Stunden dauern, empfiehlt es sich, der Kundin einen Sitzplatz und eine Tasse Kaffee anzubieten. Man kann versuchen, der Kundin wenigstens die genaue Anschrift des Herrn Schmidt zu entlocken, ohne dabei einen allzu neugierigen Eindruck zu erwecken. Mittlerweile beteiligt sich die gesamte Bestellabteilung solidarisch an der Suche, und Mitarbeiter aus allen Abteilungen werden unauffällig an der Kundin vorbeigeführt, in der Hoffnung, daß sie jemand wiedererkennt. Völlig zwecklos, da es ja schließlich Herr Schmidt war, der die Bestellung damals aufgab. Durch geschickte Fragen kreist man nach und nach das Interessengebiet der Tante ein. Schließlich einigt man sich der Einfachheit halber darauf, der Tante ein Telegramm zu schicken und sie nötigenfalls aus Brasilien einfliegen zu lassen (auf Kosten der Firma, versteht sich). Wieder ist es gelungen, einen Fall zu klären; die Herzen jubilieren, draußen dämmert es bereits, und die Ankunft der Tante wird endgültig alle weiteren Unklarheiten beseitigen.

Eine kleine Hilfe zum Schluß: Die Erfahrung lehrt uns, daß es sich in solchen Fällen meist entweder um Reclam-Hefte oder ›Pucki‹, Bd. XIV, handelt.

3. Wie verhindere ich Prügeleien zwischen den Kunden, die vorm Abholfach Schlange stehen müssen?

   Antwort: Gar nicht. So lösen sich die Schlangen am schnellsten auf.

»DAS IST DAS ORIGINAL JAPANISCHE DOSTOJEWSKI-ROT« ODER: VERKAUFSPSYCHOLOGIE IM ALLTAG

Kunde: *»Ich such was Gutes für meinen Wohnzimmerschrank. Wissen Sie zufällig, wie lang die Dostojewski-Ausgabe ist?«*

Buchhändler, nachdem er nachgemessen hat: *»76 Zentimeter.«*

Kunde: *»Schade, das ist zu kurz. Das Regal für Bücher ist nämlich einen Meter lang.«*

Buchhändler: *»Vielleicht können Sie ja noch ein paar andere Bücher danebenstellen, dann kommt's hin.«*

Kunde: *»Nein, das sieht nicht gut aus.«*

Buchhändler: *»Ich mach' Ihnen 'nen Vorschlag: Gehen Sie doch mal in ein Möbelgeschäft und fragen Sie, ob Sie ein paar von den Papphülsen bekommen können, die wie Bücher aussehen, mit denen die immer ihre Schaufenster dekorieren. Die sehen ganz toll aus.«*

Kunde: *»Nein, ich könnte ja auf den Gedanken kommen, die Bücher auch mal zu lesen?«*

Buchhändler: *»Dann stellen Sie die Bücher, die Sie lesen, die aber nicht so gut aussehen, am besten in die Papphülsen, die gut aussehen, die Sie aber nicht lesen.«*

Buchhändler: *»Normalerweise dauert eine Bestellung drei Jahre, aber im Weihnachtsgeschäft kann sich das etwas verzögern.«*

Buchhändlerin: *»Ganz am Anfang hatte ich mal eine Kundin, die war ganz eilig und entsprechend giftig. Die suchte einen Krimi, der hieß ›Tote reden nicht‹. Ich hab' im Taschenbuchkatalog gesucht und hab' den Titel nicht gefunden. Und die Kundin wurde immer giftiger. Da hab' ich zu ihr gesagt: ›Tut mir leid, aber das einzige, was ich finde, ist: Tote Kunden meckern nicht.‹«*

Kunde: *»Wo haben Sie hier Fremdwörterbücher?«*
Buchhändler: *»Am zweiten Schreibtisch auf der rechten Seite.«*
Kunde: *»Was heißt ›Am zweiten Schreibtisch auf der rechten Seite‹? Ich weiß ja nicht, wo das ist.«*
Buchhändler: *»Sie gehen einfach nach rechts und zählen die Schreibtische ab. Und den ersten nehmen Sie nicht, sondern den zweiten.«*

Kundin: *»Wo kann ich bei Ihnen Taschenbücher bekommen?«*
Buchhändlerin: *»Da, wo die vielen Taschenbücher stehen.«*

Buchhändlerin: *»Der Michalewski ist ganz gut, aber bei seinen Wasser-Büchern geht er baden.«*

Kundin: »*Haben Sie ›Das grüne Klassenzimmer‹?*«
1. Buchhändlerin: »*Ich kenne nur ›Das fliegende Klassenzimmer‹.*«
2. Buchhändlerin: »*Oder meinen Sie vielleicht ›Die grüne Schule‹?*«
3. Buchhändlerin: »*Vielleicht auch ›Der fliegende Fahrstuhl‹.*«

Buchhändlerin im Abholfach: »*Frau Dunkel, das sieht aber wirklich finster für Sie aus.*«

Kunde, der an der Kasse ein Buch abholt: »*Muß ich das bezahlen?*«
Kassiererin: »*Nein, das geht ja auf Rechnung.*«
Kunde: »*Tatsächlich? Das ist aber schön.*«
Buchhändler: »*Aber bezahlen müssen Sie's natürlich trotzdem.*«

Kunde: »*Haben Sie auch Taschenbücher für 14- bis 15jährige?*«
Buchhändlerin: »*Ja, da vorne im Ständer. Das Datum steht hinten drauf.*«

Kunde: »*Wann kommt der neue Konsalik?*«
Buchhändler: »*Im Herbst.*«
Kunde: »*Ich dachte, am fünfzehnten.*«
Buchhändler: »*Also: Der neue Konsalik erscheint am 15. Herbst.*«

»Wenn Sie mehr über Archäologie wissen wollen, schauen Sie doch einfach mal bei mir rein«

Kundin: »*Gibt es das ›Momo‹-Buch auch in Englisch?*«
Buchhändler: »*Ja, das kann ich Ihnen besorgen.*«
Kundin: »*Heißt das dann auch ›Momo‹?*«
Buchhändler: »*Nein, das heißt ›The Grey Gentlemen‹.*«
Kundin: »*Aber ist der Autor denn der gleiche?*«
Buchhändler: »*Ja, Michael Ende.*«
Kundin: »*Ich dachte, weil das doch 'ne Übersetzung ist.*«
Buchhändler: »*Dann könnte er ja höchstens Mike Finish heißen.*«

Kunde zeigt auf ein Preisschild: »*Was gibt's denn bei Ihnen bei Barzahlung?*«
Buchhändler: »*Eine Quittung.*«

Kundin zieht ein Buch aus dem Regal: »*Regeln Sie das, oder soll ich damit selbst zur Kasse?*«
Buchhändler: »*Am besten gehen Sie selbst zur Kasse. Ich hab' nicht mehr soviel Geld dabei.*«

Kundin: »*Sind Sie hier Verkäuferin?*«
Buchhändlerin: »*Nein, ich bin Buchhändlerin.*«
Kundin: »*Verkaufen Sie denn auch?*«

Kundin zu einer Buchhändlerin, die gerade Bücher sortiert: »*Arbeiten Sie hier?*«
Buchhändlerin: »*Natürlich, oder dachten Sie, ein Kunde würde so 'nen Quatsch machen?*«

Kunde zeigt auf ein Buch von Heinz G. Konsalik: *»Können Sie mir das als ›Fachbuch Elektrotechnik‹ aufschreiben?«*
Buchhändler: *»Leider nein, denn Spannung produziert er schon lange nicht mehr.«*

Kunde: *»Wo haben Sie Enid-Blyton-Bücher?«*
Buchhändler: *»Hier im Regal.«*
Kunde: *»Und wo ist ›Die Schwarze 7‹?«*
Buchhändler: *»Die Reihe haben wir leider nicht.«*
Kunde: *»Gibt's da 'nen Grund für?«*
Buchhändler: *»Ja. Nachdem ich die ›5-Freunde‹-Reihe, die ›Geheimnis‹-Reihe und die ›Abenteuer‹-Reihe einsortiert hatte, war kein Platz mehr im Regal.«*

Kunde: *»Wo haben Sie denn Ihren ›Humor‹?«*
Buchhändlerin: *»Im Weihnachtsgeschäft gar nicht mehr.«*

Kundin beim Anblick einer Dostojewski-Gesamtausgabe: *»Ah, dieses Rot!!!«*
Buchhändler: *»Ja, das ist das original japanische Dostojewski-Rot.«*
Kundin: *»Woher wissen Sie das?«*
Buchhändler: *»Als Buchhändler hat man ein Gefühl für so was.«*
Kundin: *»Ich habe mich nämlich gerade japanisch eingerichtet.«*

Kundin: *»Ich hätte gern ein Buch von Kulenkampff oder von Loriot.«*
Buchhändlerin: *»Was wäre Ihnen denn lieber?«*
Kundin: *»Ist da denn ein Unterschied?«*
Buchhändlerin: *»Ja, der eine redet, und der andere malt.«*

Abteilungsleiterin mitten im Weihnachtsgeschäft: *»Bedienen Sie zuerst diese Kundin, die hat's eilig.«*
Buchhändlerin: *»Wenn ich fünf Arme und fünf Beine hätte, würd' ich im Zirkus Hagenbeck auftreten.«*

Kundin empört zu einem Buchhändler, der morgens die Ladentür aufschließt: *»Es ist schon nach neun!«*
Buchhändler: *»Ich weiß. Wenn es noch vor neun wäre, hätte ich auch noch nicht aufgeschlossen.«*

Kundin empört: *»Jetzt werde ich aber bedient! Ich bin hier schon seit einer halben Stunde!«*
Buchhändler: *»Da sind Sie ja noch gut dran, ich bin schon seit neun Uhr hier.«*

Kunde: *»Ich suche ›Anatomie für Künstler‹.«*
Buchhändler: *»Das ist drüben, im Hobby.«*
Kunde: *»Aber Sie haben hier doch Anatomie.«*
Buchhändler: *»Aber nur, wenn Sie einen zersägen wollen. Wenn Sie einen malen wollen, müssen Sie rübergehen.«*

Kunde: »*Haben Sie ›Freude am Sex‹?*«
Buchhändlerin: »*Das geht Sie gar nichts an!*«

Kundin mit einem offenen Buch: »*Sagen Sie mal, haben Sie das nicht ein bißchen abgepackt?*«
Buchhändler: »*Ja. Wie viele Seiten möchten Sie denn haben?*«

Kunde: »*Ich suche ein Buch von Daley. Das heißt ›Han Solos Rache‹.*«
Buchhändler: »*Das ist leider im Moment nicht da, aber ich kann es Ihnen besorgen.*«
Kunde: »*Ist das denn überhaupt noch zu kriegen?*«
Buchhändler: »*Ja, sonst könnte ich es Ihnen ja nicht besorgen.*«
Kunde: »*Ach so. Aber können Sie es denn vielleicht irgendwo bestellen?*«
Buchhändler: »*Ich werde mein Bestes tun.*«
Kunde: »*Wie groß ist denn die Wahrscheinlichkeit, daß Sie das noch kriegen können?*«
Buchhändler: »*97,387 Prozent.*«

Kunde steht vor einer Buchhandlung und sieht ein Schild: »Wegen Umzug geschlossen«.
Kunde: »*Wo ist denn hier die nächste große Bücherei?*«
Buchhändler: »*Sie biegen da vorne rechts um die Ecke und nehmen dann die linke Abzweigung. Und dann warten Sie 'ne Woche, dann machen wir da wieder auf.*«

»Schön und gut, aber gescheiter wirst Du davon auch nicht«

Buchhändler beim Verkauf antiquarischer Zeitschriften: *»Hier gibt's Mengenrabatt! Jedes Heft zehn Pfennig, ein Dutzend einsfuffzich, zwei Dutzend vier Mark!«*

Kundin: *»Haben Sie ›Der Herr der Ringe‹ da?«*
Buchhändler: *»Ich hab' noch einen*
in Leinen.
Doch, ach, in Paperback
ist er weg.«

Kundin: *»Ich suche ein Buch zum Einfrieren.«*
Buchhändler: *»Praktisch können Sie jedes Buch einfrieren.«*

Kunde: *»Ich suche ein Buch über U-Boote.«*
1. Buchhändlerin: *»Wir führen keine Militaria.«*
2. Buchhändlerin: *»Oder soll es eine Reparaturanleitung sein?«*

Kundin: *»Ich brauche das evangelische Kirchengesangbuch.«*
Buchhändler: *»Da haben wir zwei Ausgaben. Hier, das blaue, ist etwas größer und auch größer gedruckt, und dieses schwarze ist kleiner und auch kleiner gedruckt.«*
Kundin: *»Ja, aber was ist denn jetzt der Unterschied?«*
Buchhändler: *»Wissen Sie, das kleine singt sich etwas leiser.«*

Kunde: *»Ich brauche einen Reiseführer für Ostpreußen.«*
Buchhändlerin: *»Das wird aber teuer, weil Sie da gleichzeitig auch 'ne Zeitmaschine brauchen.«*

Kunde: *»Ich brauche ein Englisch-Kochbuch.«*
Buchhändler: *»Meinen Sie für die englische Küche?«*
Kunde: *»Ja.«*
Buchhändler: *»Da gibt's leider nichts.«*
Kunde: *»Was mach' ich denn da?«*
Buchhändler: *»Nehmen Sie am besten ein Buch für die internationale Küche. Dann kochen Sie ganz normal, lassen Sie aber sämtliche Gewürze weg!«*

Kundin: *»Verkaufen Sie hier auch?«*
Buchhändler: *»Manchmal, wenn ich Erfolg habe.«*
Kundin zieht eine Schulbuch-Bestelliste aus der Tasche: *»Dann suchensemal!«*
Buchhändler: *»Sehen Sie dahinten das dezente Hinweisschild ›Schulbücher‹?«*
Kundin: *»Ja.«*
Buchhändler: *»Dann gehensemal!«*

Kundin: *»Ich suche ein Buch über Origami.«*
Buchhändlerin: *»Das finden Sie bei den Kochbüchern.«*
Kundin: *»Sind Sie da wirklich sicher?«*
Buchhändlerin: *»Oder ist das nicht das Pizza-Gewürz?«*

Kundin: »*Ich hätte gern was zu Echnaton.*«
Buchhändlerin: »*Meinen Sie denn über Echnaton oder von Echnaton?*»

Kunde: »*Ich möchte ein Buch.*«
Buchhändler: »*Sie haben es auf 100 000 Möglichkeiten eingeschränkt. Könnten Sie noch etwas konkreter werden?*«

Kundin: »*Ich suche ein Buch von Simmel.*«
Buchhändlerin: »*Die stehen im Regal unter ›S‹.*«
Kundin: »*Da stehen aber so viele! Sind das alles Simmel?*«
Buchhändlerin: »*Nein. Nur wo Simmel draufsteht, ist auch Simmel drin.*«

GETUSCHEL IM REGAL ODER: WAS GESCHIEHT WIRKLICH IN DEN LAGERRÄUMEN?

Szene: Morgens kurz vor neun Uhr. Nur vorne im Wareneingang etwas Bewegung. Sonst ist noch alles ruhig und dunkel – leises Stimmengemurmel, Radiomusik, Knistern von Papier, Scheppern von Bücherwagen ... Plötzlich hört man ein leises Rascheln, beinahe wie Geflüster oder wie Wind, der die Seiten eines Buches umblättert. Die Geräusche kommen aus der hinteren Lagerecke, genauer gesagt, aus dem Regal mit den langsam erwachenden Bildbänden.

Südafrika (Schroll): *»Hallo, Jungs! Seid ihr schon wach?«* (zustimmendes Gemurmel von Amerika bis Zypern) *»Ich glaube, es geht gleich los, müßte kurz vor neun Uhr sein. Mein Gott, mir tun von dem ewigen Hin- und Herrutschen sämtliche Ecken weh.«*

Geliebtes Mexiko: *»Recht hast du, Amigo, gestern war wieder ein wüster Tag. Diese Neuankömmlinge sind alle so groß und sperrig, da hat unsereiner nicht mehr viel zu lachen.«*

Finnland: *»Stell dich bloß nicht so an. Was soll ich denn sagen? Du rutschst ja nur immer ein Stückchen nach links und nach rechts. Aber ich??? Gestern mor-*

gen stand ich weich und bequem mitten unter euch, dann kam dieser Azubi, ließ mich zweieinhalb Stunden auf dem Tisch liegen, räumte meinen Platz zu, und jetzt stehe ich hier am Rande des Regals und kann nur meine Buchstaben feste zumachen und beten, daß ich nicht in die Tiefe stürze!«

Geliebtes Mexiko: »*Immer willst du der Star sein. Warte mal ab: Du wirst nie verkauft und wirst wohl noch in einem Jahr hier herumstehen. Aber meine Lagerumschlagsgeschwindigkeit kann sich sehen lassen. Ich werde . . .«*

Südafrika (Schroll): »*Mensch, Jungs, hört auf zu streiten! Ich kann das bald nicht mehr hören!«*

Patagonien (Meyster): »*Ich wollte, ich wäre noch zu Hause im Verlag oder bei vornehmen Menschen in einer feinen Bücherwand. Hier gefällt es mir nicht. Erstens friere ich, und zweitens ist die Luft miserabel. Wäre ich nicht so gut eingeschweißt, ich würde eine Gasmaske verlangen!«*

Südfrankreich (Bucher): »*Hört, hört! Der Neue ist ja ein ganz feiner Typ! Bei deiner Ausstattung würde ich mich aber schleunigst an die Gegend hier gewöhnen. Du wirst wohl länger hierbleiben, Kleiner!«*

Patagonien (Meyster): »*Was soll der Blödsinn? Du bist doch selbst erst gestern angekommen. Sag bloß, du fühlst dich gut.«*

Südfrankreich (Bucher): »*Laß dich belehren, Kleiner! Aus meiner Familie stehen sie seit Ewigkeiten massen-*

weise hier herum. Nur nie allzu lange! Wir kommen schnell, wir gehen schnell. Wir sind bekannt und begehrt.«

Südafrika (Schroll): *»Ja, ja. Aber ihr kommt immer in solchen Mengen! Und euretwegen ist es hier so unerträglich eng. Was müßt ihr denn alle zu dritt und viert hier herumstehen?!«*

China (Bucher): *»Blödsinn! Blödsinn! Wo stehe ich zu viert? ›Einsamkeit‹ heißt mein Begleiter. Und dieser zwergwüchsige China-Mini-Bildband neben mir spricht auch noch einen anderen Dialekt als ich.«*

Polen (Bucher): *»Wir sind letztens versehentlich alle doppelt geliefert worden. Vielleicht ist dein zweites Ich nur noch nicht eingeräumt. Da vorne steht noch ein ganzer Stapel von uns herum!«*

(Lautes, empörtes Rascheln von Amerika bis Zypern)

Patagonien (Meyster): *»Was!!? Aber dann wird es doch noch enger! Ich will hier raus! Ich meine: Wir zwei Patagoniens wollen hier raus!«*

Amerika (Grube & Richter): *»Take it easy, boys, don't get upset. Wir werden es schon überstehen. Wir haben doch noch genug Ausweichmöglichkeiten. Denkt an die Zettelchen ›oben‹, ›unten‹ und ›dahinter‹ und verlaßt euch nur auf mich!«*

Südafrika (Schroll): *»Du hast gut reden! Wenn sie dich verrutschen, reißt es mir bald den Buchblock aus dem Einband, so klobig bist du. Dir tut das nichts. Durch deinen Schuber spürst du doch sowieso nichts.«*

Amerika (Grube & Richter): »*Für einen Bildband meines Formats geziemt es sich nicht, mit solchen Winzlingen wie dir zu streiten. Ich verkörpere zudem eine Weltmacht. Und was macht dich interessant? Nur die lächerliche Politik bei euch, mein Lieber, sonst nichts. Ich dagegen . . . tja, und wenn du weiter so schimpfst, dann werde ich dafür sorgen, daß du heute umgeräumt wirst, und zwar nach unten zu den anderen ›Süd . . .‹-Bänden. Meiner Meinung nach stehst du nur zufällig hier oben unter ›. . . afrika‹. Wie oft hat der neue Azubi schon unten gesucht und dich nicht gefunden?! Du wirst lästig. Es wird Zeit, daß sie dich endlich verkaufen.*«

UdSSR (Belser): »*Aber, aber, Genosse! Wer wird denn gleich so aufbrausen? Mußt du dich denn immer auf die Kleinen stürzen?*«

Das Revier: »*Seid doch mal ruhig, Freunde! Ich glaube, da kommt jemand. Gleich dürfte es losgehen.*«

Südafrika (Schroll): »*Ja, ja. Das Spielchen kennen wir! Erst wird man aus dem Regal gerissen, aufgeschlitzt und mit Buchlaufkarte versehen. Oben stellen sie fest, daß man überflüssig ist, also ab auf den Wagen und wieder runter. Nach einer Stunde wird man wieder ins Regal gequetscht, und abends sucht man uns beim Auffüllen wieder raus.*«

Kochbuch von weit hinten: »*Da hat er recht, der Kleine! Letztens haben sie dieses Spiel an einem Tag dreimal mit mir getrieben. Jetzt sehe ich lädiert aus, und keiner will mich. Eines Tages lande ich im Antiquariat und muß mich den Kunden zu Spottpreisen anbieten. Erniedrigend, sage ich euch!«*

Bücherwagen: *»So, nun haltet Ruhe. Wenn uns jemand hört, landen wir womöglich alle in der Papierpresse.«*

Das Licht geht an, die Bücher verstummen.

Ich will hier endlich raus!
Mir tut jede Seite weh!
Mir reichts!
Kauft mich denn niemand?
Ojeh
Mich könnt ihr geschenkt haben
neu
Unsere Ladenhüter drehen wieder durch!
Typischer Lagerkoller!
P. GAY

»HOFFENTLICH BIST DU BALD MIT DER KLEINPOST FERTIG!« ODER: BUCHHÄNDLER UNTER SICH

1. Buchhändler, im Reclam-Regal suchend: *Habt ihr an irgend 'nem verschwiegenen Ort ›Die Räuber‹?«*
2. Buchhändler: *»Natürlich. Räuber sind doch immer an 'nem verschwiegenen Ort.«*

Buchhändler: *»Da vorne ist die Karl-Liebknecht-Buchhandlung.«*
Buchhändlerin: *»Die lassen wir links liegen.«*

Buchhändler: *»Am Dienstag war der P. krank, am Mittwoch war er da und sah aus wie 'ne Leiche, und heute...*
Buchhändlerin: *»... ist er eine.«*

Buchhändler: *»Hoffentlich bist du bald mit der Kleinpost fertig!«*
Lehrling: *»›Der Tag wird kommen‹.«*
Buchhändler: *»Das ist doch von Herbert Achternbusch.«*
Lehrling: *»Ursprünglich ist es ein Zitat aus ›Der Schwarze Falke‹ von John Ford.«*
Buchhändler: *»Ach so. Ich dachte, das sei aus ›Wenn das Wahre so oft bizarr ist, warum sollte das Bizarre*

dann nicht wahr sein?‹. Regie: Dietrich Fischer-Dieskau.«

Buchhändler zum Auszubildenden: »*Sie verkaufen die Bibeln völlig falsch! Sie müssen fragen: ›Soll es die für Rechtgläubige oder die für Ketzer sein?‹«*

Buchhändler: »*Wie kann sich eine Buchhandlung profilieren?«*
Auszubildender: »*Durch Oben-ohne-Bedienung.«*
Buchhändler: »*Es muß aber immer noch was zum Auspacken vorhanden sein.«*
Auszubildender: »*Man kann ja immer noch unten auspacken.«*
Auszubildende: »*Außerdem muß die Verpackung ja nicht den Blick auf den Inhalt verwehren.«*
Buchhändler: »*Da fragt man sich doch, aus welcher Buchhandlung Sie kommen.«*
Auszubildender: »*Playboy Books Incorporated.«*

Buchhändler: »*Was Sie im Verkaufsgespräch niemals sagen dürfen, sind die Worte ›nur‹ und ›aber‹.«*
Auszubildender: »*›Was denn, dieses Buch wollen Sie kaufen? Das ist ja n u r von Konsalik!‹«*
Auszubildende: »*›Aber, aber!!‹«*

Buchhändler: »*Durch den Gregorianischen Kalender wurden die Wechseljahre eingeführt.«*

Ja, ich möchte den Verlagsprospekt gern haben.

Meine Anschrift lautet:

____

____

____

Eines unserer Lieblingsbücher:

Hier wird das komplette Alte Testament rasant runtererzählt. Mit Spaß und Spannung, »Sex and Crime«, für Christen und Nichtchristen. »Dieser unheilige Knüller« (Münchner Merkur) »fasziniert wie ein Gute-Nacht-Krimi« (Die Zeit). Der neue Weg zur alten Bibel, 848 heitere Seiten lang. **Nur 16,80 DM**

Eine Leseorgie!

Eichborn Verlag
(, der mit der Fliege)

Sachsenhäuser
Landwehrweg 293

D-6000 Frankfurt am Main 70

Ja.

Wir verstehen uns, im besten Sinne, als »Publikums-Verlag«. Weil wir Bücher machen, die wir gerne mögen.
Literatur und Sachbuch, Bildbände und Satire. Aktuelles und Klassisches, vom Nonsens bis zum Tiefschürfen. Das Programm ist so bunt und widersprüchlich wie wir selbst.

Genau betrachtet, sitzen wir zwischen allen Stühlen (und fühlen uns dabei sehr wohl): Linken sind wir nicht links und Grünen nicht grün genug, Konservativen viel zu links und zu frech, Intellektuellen nicht intellektuell und Weltverbesserern nicht pädagogisch genug. Na undsoweiter. Weil wir es niemandem recht machen wollen.
Wir sind neugierig. Aufmüpfig. Unbequem. Wir finden nichts schlimmer als Langeweile. Mögen nicht die Weltuntergangs-Larmoyanz. Wir wollen Bäumchen pflanzen. Und auch noch Spaß dabei haben.

Buchhändler: *»Dieses Buch wird morgen telefonisch abgeholt.«*

Buchhändler: *»Wissen Sie, was Sie als Verkaufspsychologe sagen müssen, wenn ein Buch nicht da ist? ›Herzlichen Glückwunsch, Sie haben neunzehn Mark achtzig gespart!‹«*

Buchhändlerin: *»Der B. kann sich einfach nicht von seiner Abteilung trennen.«*
Buchhändler: *»Vor allem nicht von den netten Leuten aus der Abteilung.«*
Buchhändlerin: *»Das wollte ich ja nur hören. Jetzt kann ich befriedigt nach Hause gehen.«*
Buchhändler: *»So intim wollte ich eigentlich gar nicht werden.«*

Buchhändlerin: *»Die Bluse ist mir zu weit. Entweder muß ich sie vorne zusammenbinden oder ...«*
Buchhändler: *»... schwanger werden.«*

1. Buchhändlerin: *»Ach, Sie sind zurück, und auch noch braungebrannt. Wie schön!«*
2. Buchhändlerin: *»Für Sie ist das vielleicht schön, für mich weniger.«*
1. Buchhändlerin: *»Wieso? Wollten Sie nicht braun sein?«*
2. Buchhändlerin: *»Braun schon, aber nicht zurück.«*

Buchhändlerin: »*Hast du was zu essen für mich?*«
Buchhändler: »*Ich kann doch nicht* i m m e r *an dich denken.*«
Buchhändlerin: »*Gibt es etwa was Schöneres, woran du denken kannst?*«
Buchhändler: »*Bratrollmöpse.*«

Buchhändler: »*Erst kaufen die Leute das neue Kochbuch und ein paar Wochen später das Diätbuch.*«

Buchhändler zu seinem Auszubildenden: »*Denken Sie sich, ein Kunde kommt rein, und der denkt ›Der Buchhändler hat sowieso keine Ahnung‹, und der Buchhändler denkt ›Der will mich reinlegen‹. Und dann fragt der Kunde ›Haben Sie was über Buchführung?‹, und wenn der Buchhändler dann schlau ist, fragt er ›Meinen Sie amerikanische oder doppelte Buchführung?‹, und dann denkt der Kunde ›Aha, der hat doch Ahnung‹.*«

Buchhändler: »*Haben wir Buchhändler auch 'ne Berufskrankheit?*«
Auszubildende: »*Staublunge.*«

Buchhändler: »*Wo schlagen wir nach, wenn wir wissen wollen, wer ›Onkel Toms Hütte‹ geschrieben hat?*«
Auszubildende: »*Im Stichwortkatalog.*«
Buchhändler: »*Worunter?*«
Auszubildender: »*Unter Architektur.*«

Buchhändler: *»Warum hat man es früher abgelehnt, die Säuglinge bei den Müttern zu lassen?«*
Auszubildender: *»Damit man sie leichter vertauschen konnte.«*

Auszubildende: *»Stellen Sie sich vor, ein Buch hat drei Autoren. Welcher wird in der Bibliographie zuerst genannt?«*
Buchhändler: *»Alle drei.«*
Auszubildende: *»Aber einer muß doch zuerst genannt werden.«*
Buchhändler: *»Nein.«*
Auszubildende: *»Nehmen wir an, Sie, Fräulein U. und meine Wenigkeit haben ein Buch geschrieben. Wer wird dann zuerst genannt?«*
Buchhändler: *»Keiner.«*
Auszubildende: *»Aber irgendwie müssen die Autoren doch drinstehen! Wie denn?«*
Buchhändler: *»So, wie ich's eben gesagt habe.«*

Auszubildender: *»Auch Bücher haben eine Seele!«*
Buchhändler: *»Gar nicht wahr, Herr B., Bücher sind genauso Gebrauchsgegenstände wie Menschen.«*

1. Auszubildende: *»Wie heißt das Bindeglied zwischen Geschäftsvorfall und Buchung? ... ach ja, Beleg.«*
2. Auszubildende: *»Ich dachte immer, das wär' was fürs Brötchen.«*

Buchhändler: »*Man konnte es sich nicht erklären, wie eine Frau es schaffte, in den sieben Jahren, die der Ritter auf Kreuzzug war, sechs Kinder zu bekommen. Irgendwas stimmt da nicht.*«

Auszubildende: »*Was ist eigentlich der Unterschied zwischen Realismus und Gottfried Keller?*«

Buchhändler: »*Kennst du Hercule Poirot?*«
Auszubildende: »*Ist das nicht der mit den Toten?*«
Buchhändler: »*Nun, in gewisser Weise schon . . .*«
Auszubildende: »*Ach nein, ich mein' jetzt Kübler-Ross.*«

Buchhändler: »*Freud hat gesagt: ›Gebt mir eine Handvoll Säuglinge, und ich mache daraus . . .‹*«
Auszubildender: »*. . . eine gute Suppe.*«

Auszubildende: »*Gibt's eigentlich Bücher darüber, warum ich ich bin?*«
Buchhändler: »*Ja. Krappmann: ›Soziologische Dimensionen der Identität‹.*«
Auszubildende: »*Gibt's darüber auch Bücher, die man verstehen kann?*«
Buchhändler: »*Das ist was anderes.*«

Buchhändler zu seiner Auszubildenden: »*Sie haben im Hinterteil immer ein alphabetisches Verzeichnis.*«

Buchhändler: »*Was machen Sie, wenn die Kasse nicht geht?*«
Auszubildender: »*Rumklopfen und rumhämmern.*«
Buchhändler: »*Das ist die Thorndike-Methode.*«

Buchhändlerin beim Häkeln: »*Ich muß mich beeilen, sonst ist das Garn eher alle, als die Decke fertig ist.*«

Auszubildende: »*Bei mir zu Hause ist kein Mensch . . . das heißt, meine Mutter, die wohl.*«

Buchhändlerin: »*Jetzt erzähl mir mal von Anfang an, wie diese tolle Suppe gemacht wird!*«
Auszubildende: »*Die wird einfach aufgetaut.*«

Auszubildende: »*Gehen Sie doch mal in den Keller. Der M. hat 'nen leckeren Kuchen da, den hat er sogar selbst gebacken.*«
Buchhändler: »*Ganz alleine?*«
Auszubildende: »*Ja, fast. Seine Freundin hat ihm nur die Eier getrennt.*«

Auszubildender: »*Darf ich Sie mal kurz stören?*«
Buchhändlerin: »*Sie tun es bereits.*«

Auszubildende: »*Gurke mag ich nicht.*«
Buchhändler: »*Dann würde ich die endlich mal aus dem Gesicht nehmen.*«

Buchhändler: »*Ich bin in meiner Jugend meist hinter meiner Entwicklung zurückgeblieben.*«

Buchhändler: »*Canetti kannte die bedeutendsten Autoren der Weltliteratur, zum Beispiel Bob Dylan.*«

Buchhändlerin: »*Du kitzelst mich!*«
Buchhändler: »*Das ist kein Kitzeln, das ist Erotik.*«

1. Buchhändlerin, ihr Glas erhebend: »*S., jetzt trink' ich auf dich!*«
2. Buchhändlerin: »*Die findet auch die albernsten Gründe.*«

Buchhändlerin: »*Man sollte eigentlich bei Horten arbeiten. Da steht draußen dran: ›Bei uns gibt es immer Urlaub.‹*«

Buchhändler: »*Man kann Nihilist sein und trotzdem mit einer Frau ins Bett gehen und Spaß dran haben.*«

Buchhändler zu seiner Auszubildenden: »*Bei Ihnen herrscht, wenn mir das Wortspiel erlaubt ist, die Anarchie in der Bibliographie.*«

1. Buchhändler: »*Wenn der Strauß Kanzler wird, wird Essen eh nach Bayern eingemeindet.*«
2. Buchhändler: »*Und umbenannt in ›Brotzeit‹.*«

Buchhändler: »*Wie hieß die bedeutende Frau des Symbolismus, die mit allen ihren berühmten Zeitgenossen befreundet war?*«
Auszubildender: »*Nennen Sie mal 'nen Titel von ihr.*«
Buchhändler: »*Die hat nichts geschrieben.*«
Auszubildender: »*Dann kenne ich sie auch nicht.*«
Buchhändler: »*Das war Lou Salomé. Die lohnt es sich wirklich zu lesen.*«
Auszubildender: »*Sie haben doch eben gesagt, die hat nichts geschrieben.*«
Buchhändler: »*Ja, so ist es auch.*«

Buchhändler: »*Klassiker sind nach Möglichkeit immer tot.*«

Auszubildende: »*Was gucken Sie denn so, Herr P.?*«
Buchhändler: »*Ich suche den, der heute abend seinen Schirm vergißt.*«

Buchhändlerin: »*Ich war gerade beim Oberbürgermeister.*«
Buchhändler: »*Persönlich?*«
Buchhändlerin: »*Ja. — Der war bloß nicht da.*«

Eine Buchhändlerin zu anderen: »*Hast du auch eine Hose, die die Figur verwöhnt?*«
Buchhändler: »*Nein, aber sie hat eine Figur, die die Hose ausfüllt.*«

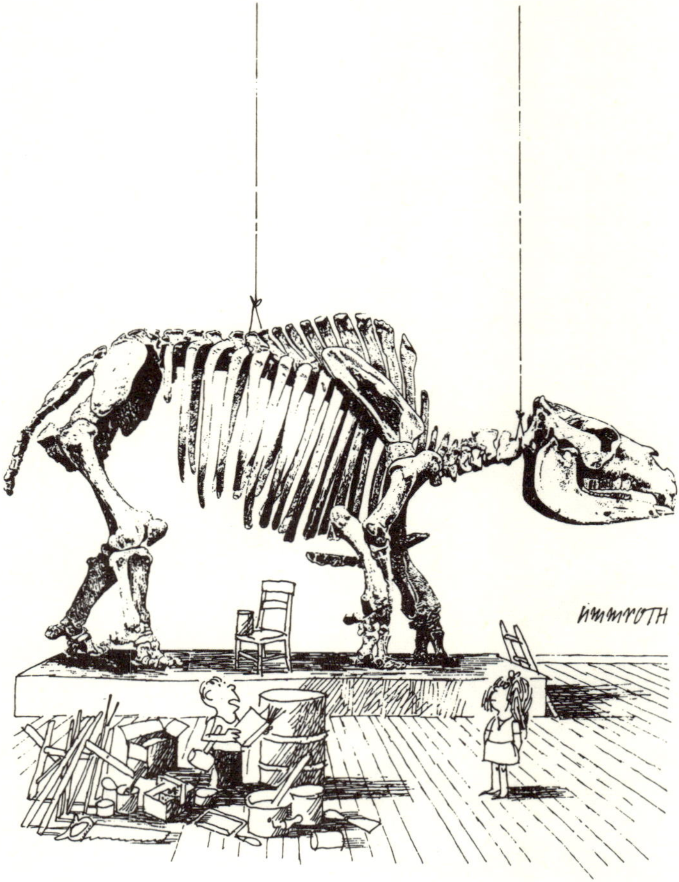

»Naja, ganz schön geworden – aber eigentlich hatte ich mir das Bastelbuch für einen kleinen Sportwagen gewünscht«

Buchhändler: »*Wie heißt eigentlich die junge Dame, die draußen den Antiquariat-Stand macht?*«
Auszubildende: »*Weiß ich nicht. Die sieht aber eigentlich ganz nett aus.*«
Buchhändler: »*Das kann ich ihr aber nicht auf den Kassenzettel schreiben.*«

Buchhändler: »*Haben Sie 'nen passenden Mann gefunden?*«
Buchhändlerin: »*Ich hab' noch nicht ausgemessen.*«

Buchhändlerin: »*Es gibt ein Doppelalbum; da sind zwei Platten drin.*«

Buchhändler: »*Der 15. ist am Wochenende. Ich weiß das genau, denn mein Urlaub beginnt am 16., und das ist ein Mittwoch.*«

Auszubildende: »*Mir fehlen die Worte! Frau H. sagte eben, ich sehe ganz entzückend aus.*«
Buchhändler: »*Aus welcher Perspektive hat sie dich denn gesehen?*«
Auszubildende: »*Von weitem.*«

Buchhändlerin: »*Das Buch ist bei der ›Edition‹.*«
Auszubildende: »*Nein, ist es nicht.*«
Buchhändlerin: »*Ach so, dann muß es bei der ›Edition‹ sein.*«

1. Buchhändler: »*Ich kündige bald. Gute Leute werden immer gesucht.*«
2. Buchhändler: »*Zugegeben, aber was nützt d i r das?*«

Auszubildende: »*Wie schön, Frau H., Sie auch in Ihrem Urlaub hier zu sehen.*«
Buchhändlerin: »*Es freut mich ja, daß mein Anblick kein Entsetzen auslöst.*«
Auszubildende: »*Solange Sie nur zu Besuch kommen . . .*«

1. Buchhändlerin: »*Da ist 'ne Kundin, die hatte neulich wohl mir dir gesprochen.*«
2. Buchhändlerin: »*Ich glaub', ich weiß schon. Die hatte doch so . . .*« (deutet mit einer Handbewegung einen großen Busen an)
1. Buchhändlerin: »*Das weiß ich nicht, die ist am Telefon.*«

Buchhändlerin: »*Immer, wenn ich mit dem E. zusammenarbeite, hab' ich den Eindruck, ich bin ganz alleine.*«

Buchhändlerin: »*Einmal habe ich einen Gedächtnisausfall gehabt. Das werde ich nie vergessen.*«

Buchhändler: »*Im Oktober weiß ich's nicht so ganz genau, aber sonst hat die Woche sieben Tage.*«

Buchhändler: *»Eine Raute sieht, mathematisch betrachtet, aus wie ein Salino.«*

Buchhändlerin: *»Wir sind fast eine Musikalienhandlung.«*
Buchhändler: *»Ja, lauter Arschgeigen.«*

Buchhändlerin singt: *»Ja, Leute, bin ich denn ein Kiosk, oder bin ich etwa 'ne Bank . . .«*

1. Buchhändler: *»Für eine Bank würde ich dich nie halten, aber ein Kiosk könnte vielleicht hinkommen.«*
2. Buchhändler: *»Zumal bei d e r Auslage.«*

Buchhändler: *»Ich geb' dir 'ne Cola aus. Hast du mal sechzig Pfennig da?«*

Die Buchhandlung wird umgebaut.
1. Buchhändler: *»Bis heute abend werden wir nie fertig.«*
2. Buchhändler: *»Ich weiß aber noch, wie du vorher getönt hast: ›Das schaffen wir! Kein Problem!‹«*
1. Buchhändler: *»Nein, ich hab' höchstens gesagt: ›Das schaffen wir nie.‹«*
2. Buchhändler: *»Du hast ein Gedächtnis wie Richard Nixon.«*
1. Buchhändler: *»Stimmt. Ich weiß nicht, wie es water gate.«*

1. Buchhändler: »*Ich brauche dringend ein Gummi.*«
2. Buchhändler: »*Ein Haushaltsgummi oder ein normales?*«

Buchhändler: »*Wo habt ihr denn jetzt den ›Herrn der Ringe‹ stehen?*«
Buchhändlerin: »*Da auf dem Tisch.*«
Buchhändler: »*Da hab' ich schon nachgekuckt.*«
Buchhändlerin: »*Dann ist er nicht da.*«
Buchhändler: »*Oh, das sollte aber nicht vorkommen.*«
Buchhändlerin: »*Oder er ist da.*«
Buchhändler: »*Wesentlich mehr Möglichkeiten wird's wohl nicht geben.*«

1. Buchhändler: »*Suppe ist wohl keine mehr da?*«
2. Buchhändler: »*Du kannst meinen Bart auswringen.*«

1. Buchhändlerin: »*Der nette Mann, den Sie neulich begrüßt haben, war das eigentlich Ihr Mann?*«
2. Buchhändlerin: »*Ich weiß nicht. Mein Mann war hier, aber auch noch andere Bekannte.*«
1. Buchhändlerin: »*Ich dachte nur, weil Sie den so besonders herzlich begrüßt haben.*«
2. Buchhändlerin: »*Dann war das nicht mein Mann.*«

Packer: »*Welche Statistik hat der Wernher von Braun?*«
Buchhändler: »*Wernher von Braun ist Jugendbuch. ›Wie bastle ich mich 'ne Rakete?‹*«

Buchhändlerin beim Zusammenbau eines Regals: »*L., weißt du, wo noch Böden sind?*«
Buchhändler: »*Im Paderborner Land; sehr gute Kartoffelböden.*«

Buchhändler: »*Die VVA hat sich jetzt ein Terminalsystem zugelegt. Dann klappt wahrscheinlich gar nichts mehr. Da Ding heißt ›Memo-Port‹.*«
Buchhändlerin: »*Und bei Jugendbüchern heißt das dann ›Momo-Port‹.*«
Buchhändler: »*Oder sie liefern überhaupt nicht mehr, und dann heißt es ›Nemo-Port‹.*«

Buchhändlerin: »*Hat jemand meine beiden Jesus-Bücher gesehen? Vorhin lagen sie noch auf dem Tisch, und jetzt sind sie plötzlich weg.*«
Buchhändler: »*Ein Wunder!!!*«

1. Buchhändler: »*Ist ›Baghvan‹ eigentlich ein Name oder ein Titel?*«
2. Buchhändler: »*Ich dachte immer, das ist das, was in den Bäckereien verkauft wird.*«

Buchhändler, auf einen Stapel Pakete zeigend: »*Wird das denn nie weniger hier?*«
Packer: »*Hör auf, das hat schon ganz schön Luft gegeben heute.*«
Buchhändler: »*Wieso? Hast du Bohnen gegessen?*«

1. Packer: »*Ist schon Feierabend? Man hört euch gar nicht mehr.*«
2. Packer: »*Keine Angst, wir wecken dich schon.*«

Buchhändler zum Aushilfspacker: »*Wenn du dich beim Studium so angestellt hast wie hier beim Auspacken, dann ist es klar, daß wir die Regelstudienzeit brauchen.*«

Buchhändler: »*Neulich wollten sie einen im Landeskrankenhaus aus der psychiatrischen Abteilung entlassen. Als der Arzt ihn fragt ›Haben Sie schon Arbeit?‹, sagt der ›Ja, bei der Buchhandlung B.‹. Da sagt der Arzt zur Schwester ›Der kriegt keinen Entlassungsschein. Schreiben Sie 'ne Überweisung!‹*«

Buchhändlerin: *Bei uns zu Hause hatten wir 'ne Nachtigall, die sang so penetrant ... das heißt, das war gar keine Nachtigall.*«

1. Buchhändler: »*Wo ist denn das Opernwelt-Jahrbuch?*«
2. Buchhändler: »*Das hab' ich eingeräumt.*«
1. Buchhändler: »*Dir kann man auch 'n Stück Exkrement hinlegen, dann räumst du das auch ein.*«

Packer beim Bearbeiten einer Lieferung: »*Jetzt kommt irgendwas mit ›Sonnenstrahl‹.*«
Aushilfspacker: »*Ich hab' hier nur ›Der Regenschirm‹.*«

1. Buchhändler: *»Knofel ist gut für's Bett, hab' ich gehört.«*
2. Buchhändler: *»Ja, da hast du 'nen ruhigen Schlaf, weil du immer allein bist.«*

1. Buchhändlerin: *»Der Mensch verliert bis zu 20 000 Haare pro Tag. Wußtet ihr das?«*
2. Buchhändlerin: *»Ich weiß das; die liegen alle bei mir zu Hause auf dem Teppichboden.«*

Kassiererin: *»Es eilt zwar nicht, aber Frau W. soll ganz schnell zur Kasse kommen.«*

1. Buchhändler: *»Heute abend essen wir Kaninchen.«*
2. Buchhändler: *»Wieso? Ist eins gestorben?«*

Buchhändler: *»Wenn Frau H. nicht da ist, bin ich der einzige Mann in der Abteilung.«*

Beauftragter der Berufsgenossenschaft: *»Die alte Installation da, ist die tot?«*
Geschäftsführer: *»Ja, bis auf die Stellen, wo immer das Wasser rausläuft.«*

Buchhändlerin: *»Ich bin morgen nicht da.«*
Buchhändler: *»Das ist gut, denn wenn du morgen nicht da bist, bist du ja hier.«*
Buchhändlerin: *»Du bist wohl nicht ganz da!«*

Buchhändler: *»Wißt ihr übrigens, daß die alten Leute im Ruhrgebiet besonders viel trinken?«*
Packer, empört: *»Das würde ich aber wirklich nicht sagen!«*
Buchhändler: *»Da ist jetzt bei den ›Blauen Büchern‹ ein Band drüber erschienen – ›Die alten Zechen an der Ruhr‹.«*

Buchhändler: *»Die Erhebung in den Klassikerstatus ist die Todeserklärung eines Autors zur Zeit seines möglichen Nachlebens.«*

1\. Buchhändler: *»Heute habe ich meinem Chef eins ausgewischt.«*
2\. Buchhändler: *»Wie hast du das denn gemacht?«*
1\. Buchhändler: *»Mit 'nem feuchten Lappen. Ich hab' ihm eins von den Regalen ausgewischt, wo Moewig rein soll.«*

Buchhändler: *»Hallo, W., bist du schon wieder im Dienst?«*
Fahrer: *»Nein, noch nicht. Ich hab' nur schon mal einen getrunken.«*

Buchhändlerin: *»Möchtest du ein Stück Apfelkuchen?«*
Buchhändler: *»Toll. Machen wir ein Picknick?«*
Buchhändlerin: *»Ja, hol schon mal die Decke und die Ameisen.«*

Buchhändler: *»Ich habe irgendwas vergessen, aber ich weiß nicht mehr, was.«*

1. Buchhändler: *»Ich fahre jetzt zur Messe. Soll ich irgend jemand von dir grüßen?«*
2. Buchhändler: *»Ja, grüß mal irgend jemand von mir.«*

Auszubildende: *»Ich will gerade das Licht ausmachen, da stelle ich fest, es ist gar nicht an.«*

Buchhändlerin: *»Alte Häuser haben viel mehr Atmosphäre als neue.«*
Buchhändler: *»Vor allem, wenn sie lange nicht gelüftet worden sind.«*

1. Buchhändler: *»Wie heißt noch mal dieser alte griechische Reisende, der auch Bücher geschrieben hat?«*
2. Buchhändler: *»Odysseus.«*
1. Buchhändler: *»Der hat doch nichts geschrieben.«*
3. Buchhändler: *»Doch, der hat den ersten Globetrotter-Reiseführer geschrieben: ›Round the Mediterranian Sea in Ten Years‹.«*

1. Buchhändler: *»Welche Selinko liegt oben auf dem Tisch?«*
Buchhändlerin: *»›Ich war ein häßliches Mädchen‹.«*
2. Buchhändler: *»Das ist uns schon klar, aber welche Selinko liegt oben auf dem Tisch?«*

Ein Buchhändler zum anderen: »*Gibt's was über Eß-kultur?*«
2. Buchhändler: »*Mit Sicherheit, aber da fragst du den Falschen.*«

Packer, sich räkelnd: »*Mann, durch die Scheiß-Pause kriegste nichts geschafft.*«

1. Buchhändler: »*Wann kriege ich den Heiermann zu-rück?*«
2. Buchhändler: »*Welchen Heiermannn?*«
1. Buchhändler: »*Was heißt ›Welchen Heiermann‹? Hatte ich dir zwei geliehen?*«

Buchhändler: »*Ursprünglich wollte Marcel Proust sein Werk ›Auf der Suche nach der verlorenen Short Story‹ nennen, aber dann konnte er wieder einmal kein Ende finden.*«

Auszubildende: »*Die Söhne von Thomas Mann waren Klaus Mann, Golo Mann und Erika Mann.*«

Sohn einer Buchhändlerin stürmt aufgeregt in den La-den: »*Mama, mir ist das Telefon runtergefallen. Jetzt ist es ganz kaputt.*«
Buchhändlerin: »*Deswegen brauchst du doch nicht herzukommen. Du hättest doch ... ach so, du konntest ja nicht anrufen.*«

Buchhändlerin: »*Trink lieber jetzt, W., nachher mußt du Auto fahren.*«

Packer: »*Die Bestellung von dem Dackel-Buch hat sich auch erledigt. Das Vieh ist gestern eingegangen.*«

Buchhändlerin: »*Ich hab' mal 'ne Bitte. Kannst du mir was heben? Es sind nur zirka drei Pakete?*«
Buchhändler: »*Wieviel sind denn zirka drei Pakete?*«
Buchhändlerin: »*Es könnten auch fünf sein.*«

Kunde: »*Haben Sie auch Devotionalien?*«
1. Buchhändlerin: »*Nein, das haben wir nicht.*«
2. Buchhändlerin, nachdem der Kunde den Laden verlassen hat: »*Was ist das denn überhaupt?*«
1. Buchhändlerin: »*Keine Ahnung.*«
2. Buchhändlerin: »*Aber wir müssen doch wissen, was wir nicht haben.*«

Buchhändler: »*Es gibt Leute, die glauben, sie können 'ne Wasserader finden, wenn ihre Rute zuckt.*«

Buchhändlerin: »*Ach, das ist wirklich schlimm mit meinem Gedächtnis.*«
Buchhändler: »*Hast du schon mal die Anschaffung eines Notizbuches in Erwägung gezogen?*«
Buchhändlerin: »*Ich hab' eins. Aber das vergeß' ich immer.*«

Geschäftsführer: »*Ich möchte wissen, ob ein Eimer weiße Wandfarbe für dreizehn Mark billig ist.*«
1. Packer: »*Das kommt drauf an. Wenn da drei Kilo drin sind, ist das teuer. Wenn da dreißig Kilo drin sind, ist das billig.*«
2. Packer: »*Und wenn der Eimer leer ist, ist das Wucher.*«

Buchhändlerin: »*Ich hab' da 'nen Film für meinen Videorecorder. ›Asteris der Galiläer‹ oder so ähnlich.*«

Buchhändler: »*Herr H., Ihnen steht erst dann ein Stuhl zu, wenn Sie Ihre Prüfung bestanden haben.*«
Auszubildender: »*Wenn S i e wüßten, wieviel Prüfungen i c h schon abgelegt habe...!*«
Buchhändler: »*Es gibt ja sogar Stimmen, die behaupten, daß Sie in der Zwischenzeit selbst zu einer geworden sind.*«

Buchhändler, ein Filmplakat vorlesend: »›*Dieser gewalttätige und brutale Film ist außergewöhnlich gut.*‹«
Buchhändlerin: »*Quatsch. Ein Film kann gar nicht gewalttätig sein.*«
Buchhändler: »*Es sei denn, man schmeißt mit der Spule.*«

Buchhändler: »*Alle großen Kaufhäuser haben fest angestellte Ladendiebe.*«

1. Buchhändlerin: *»Habt ihr den Tisch nach vorne geschoben, oder war das immer schon so eng hier?«*
2. Buchhändlerin: *»Du bist einfach dicker geworden.«*

Buchhändler: *»Wir haben uns gestern über den Ruheraum für Schwangere unterhalten; und kaum war das Gespräch drauf gekommen, fing der M. wieder mit seinen Globen an.«*

Buchhändlerin: *»Buchhändler haben die Kenntnisse von Professoren, die Geduld von Krankenschwestern und das Gehalt von Fahrstuhlführern.«*

Buchhändlerin: *»Was ist an diesen Büchern hier eigentlich kaputt?«*
Buchhändler: *»Weiß ich nicht.«*
Buchhändlerin: *»Aber du hast doch gerade die Umtausch-Rechnungen geschrieben.*
Buchhändler: *»Richtig«.*
Buchhändlerin: *»Da mußt du doch die Fehler genau aufführen.«*
Buchhändler: *»Ja, aber ich muß sie nicht auswendig lernen.«*

Buchhändler: *»Ich hab' mich ja langsam an den Gedanken gewöhnt, daß 98% der Menschheit total beknackt sind. Das Schlimme ist nur, daß die alle im Weihnachtsgeschäft zu uns in den Laden kommen.«*

Buchhändlerin: *»Ich hatte gerade einen Stotterer am Apparat. Eh' der das letzte Wort raushatte, hatte ich das erste schon vergessen.«*

Packer: *»L., weißt du was? Ich hab' keine Zigaretten mehr.«*
Buchhändler: *»Ich bald auch nicht mehr, wenn du so weiterrauchst.«*

Buchhändler: *»Mir haben sie in der Schule den Goethe total verleidet. Wir haben nämlich ein halbes Jahr lang den ›Wilhelm Tell‹ durchgenommen.«*

Buchhändler: *»Hol bitte die Tage die Plakate von der Equitana.«*
Fahrer: *»Equitana? Wie schreibt man das?«*
Buchhändler: *»Schreib einfach ›Pferdeausstellung‹!«*

Buchhändlerin: *»Was ist eigentlich aus deiner Uhr geworden, die du gebadet hast?«*
Buchhändler: *»Die hab' ich weggeschmissen.«*
Buchhändlerin: *»Hieß es nicht, die wäre wasserdicht?«*
Buchhändler: *»Die war auch wasserdicht: Jeder Tropfen, der einmal drin war, kam nie wieder raus.«*

1. Buchhändler: *»Du siehst so müde aus.«*
2. Buchhändler: *»Ach, ich hab' heut nacht von Volleyball geträumt, und jetzt hab' ich Muskelkater.«*

Auszubildende, einige Landkarten betrachtend: »*Was würdest du jemandem empfehlen, der von Lindau an der Lahn nach Wuppertal wandern will?*«
Buchhändler: »*Festes Schuhwerk und warme Socken.*«

Buchhändler: »*Solche Frauen wie A. sollte es Hunderte geben. Leider gibt es Tausende.*«

Betriebsrätin: »*Wir haben von Ihrer Organisation, dem Einzelhandelsverband, einen Drohbrief bekommen.*«
Geschäftsführer: »*Gegen die Bezeichnung ›Drohbrief‹ muß ich mich aufs schärfste verwahren!*«
Betriebsrätin: »*Wenn uns mit Strafanzeige gedroht wird, dann weiß ich nicht, wie ich das sonst bezeichnen soll.*«
Buchhändler: »*›Glückwunschtelegramm‹ zum Beispiel.*«

Buchhändlerin: »*Als ich heute morgen in den Spiegel guckte, dachte ich zuerst, ich hätte die falsche geweckt.*«

Kassiererin: »*Herr N., im entscheidenden Augenblick waren Sie heute wieder nicht da.*«
Geschäftsführer: »*Aber Herr B. war doch da.*«
Kassiererin: »*Wenn ich Ihnen sage, was los war, werden Sie nie wieder sagen: ›Aber Herr B. war doch da.‹*«
Geschäftsführer: »*Was war denn los?*«
Kassiererin: »*Ihre Frau war hier.*«

Buchhändlerin: *»Ich fahre jetzt für eine Woche weg.«*
Auszubildender: *»Das ist aber lang!«*
Buchhändlerin: *»Sei doch froh, daß du dich von mir erholen kannst, Junge.«*
Auszubildender: *»So lang ist es nun auch wieder nicht.«*

Fahrer eines Müllwagens: *»Wissen Sie, wem der Audi 100 gehört, der da den Weg blockiert?«*
Buchhändlerin: *»Nein, aber ich hab' 'ne Reparaturanleitung dafür.«*

Buchhändler: *»Darf ich mal vorbei?«*
Putzfrau: *»Wo wollen Sie denn hin?«*
Buchhändler: *»Auf die Toilette. Pipi machen.«*
Putzfrau: *»Das ist ja ein starkes Stück!«*
Buchhändler: *»Nein. Ein starkes Stück hab' ich schon heute morgen gemacht; jetzt brauch' ich bloß noch Pipi machen.«*

Abteilungsleiterin im Wareneingang: *»Das wird ja langsam richtig leer hier. Das ist ja toll!«*
Buchhändler: *»Ist das eine Anspielung auf die nächste Kündigungswelle?«*

NUR KEINE PANIK! ODER: VERHALTENSMASSREGELN FÜR RUHIGE PHASEN

1. Um Himmels willen nicht durchdrehen! Alles geht einmal vorbei.
2. Eine höfliche Anfrage nach flotter Musik in der Schallplattenabteilung könnte erfolgreich sein, besonders, wenn sich die Kollegen dort schon die Zeit damit vertreiben, daß sie die Rillen in den Platten mit Kulis nachzeichnen.
3. Da in diesen Phasen selbst das Telefon schweigt, kann man zur Ablenkung ruhig mal bei der Zeitansage anrufen und sich vom Fräulein am anderen Ende der Leitung unterhalten lassen.
4. In der Reiseabteilung findet man ausreichend Lektüre über besonders schöne Wanderregionen in aller Welt. Zur Zeit wird gerade an einem Baedeker ›Buchhandlung und Umgebung‹ geschrieben. Bisher bekanntester Rundgang: Schreibtisch – Garderobe – Keller – Kantine – Garderobe – Schreibtisch. Verpflegung und Getränke sind selbst mitzubringen.
5. Sollten alle Schreibtischarbeiten bereits erledigt sein, so lege man sich Papier und Stift griffbereit hin. So kann man zur Not schnell mal den einen

oder anderen Bleistift anspitzen, stumpf kritzeln und anschließend wieder anspitzen. Auf die vorbeischlendernde Geschäftsleitung wirkt man dadurch sehr beschäftigt.

6. Wer Wert auf körperliche Betätigung legt, kann folgende Variante des Lager-Ergänzens ausprobieren: Man schreibt sich etwa zwanzig Buchlaufkarten (der Phantasie sind keine Grenzen gesetzt) und rennt dann für jede Karte einzeln ins Lager. Pro Karte werden ca. dreieinhalb Minuten veranschlagt. Im Lager wird man natürlich nicht fündig, aber dadurch muß man auch keine Bücher die Stufen zum Laden hochschleppen.
7. Besonders wichtig!!!
   Ein Kunde betritt den Laden! Selbstbeherrschung!! Nicht alle gleichzeitig auf ihn losstürzen!!! Zurückhaltung und Höflichkeit an den Tag legen. Besonders ungünstig: den Kunden mit Gummis zu beschießen, falls er statt der komplizierten Beratung einfach nur einen Simmel möchte.

FEST STEHT UND TREU. . .
ODER: DER NEIDISCHE MONDGLOBUS

Es war einmal ein Mondglobus, der stand tagein, tagaus im Globenregal und wartete darauf, verkauft zu werden. Er konnte leuchten und strahlen, daß es eine reine Freude war, aber leider nur auf einer Hälfte, wie es nun mal für einen Mond typisch ist.

Er glühte täglich von 9 – 18.30 Uhr, und wenn die Kunden vor dem Regal stehenblieben, dann hielt er gespannt die Luft an. Er lechzte nach Lob, wollte betrachtet und bewundert werden und endlich auch einmal den Weg zur Kasse in Begleitung eines Kunden machen.

Das einzige, was er allerdings zu hören bekam, war: „Ach, das ist ja n u r ein Mondglobus!«

Manchmal wurde er aus Gründen der Energieeinsparung sogar ausgeschaltet. Davor fürchtete er sich am meisten.

Nun, er steht schon ziemlich lange dort, wo er steht, und ich fürchte, daran wird sich so schnell nichts ändern. Unser echter Mond ist ja schließlich auch sehr alt geworden, ehe er richtig Karriere machte.

»Natürlich ist die neue Klassiker-Ausgabe in Ziegenleder bildschön, aber es paßt kein einziger Band in den Videorekorder«

DIE LEIDEN DES JUNGEN BIBLIOGRAPHEN
EIN QUIZTEIL MIT AUFLÖSUNGEN

1) Kunde: *»Haben Sie von Grass ›Die Scholle‹?«*

2) Kundin: *»Ich hätte gern ›Die Burg der Abenteuer‹ von Emil Blieton.«*

3) Kundin: *»Ich hätte gern ›Der kleine Orbit‹.«*

4) Kundin: *»Ich möchte ›Wie schön ist doch Amerika‹.«*

5) Kunde: *»Ich suche von dtv-junior das Buch ›Wie baue ich einen gotischen Dom‹.«*

6) Kunde: *»Ich brauche das Buch ›Die Kinder vom Alexanderplatz‹.«*

7) Kundin: *»Ich suche ›Adelheid Schleim‹ von Tatjana Wutz.«*

8) Kundin: *»Ich suche ›Die fröhlichen Kinder aus Panama‹ in Schreibschrift.«*

9) *»Ich suche ›1984‹ von Orson Welles.«*

10) Notizzettel eines Kunden: *»Arkasmus: ›Der Fremde‹.«*

11) Kunde: *»Ich suche ›Alle Kinder dieser Erde‹ von Simmel.«*

12) Kundin: *»Ich hätte gern von Knaur den Duden Band 6.«*
Buchhändlerin: *»Nun mal langsam. Was meinen Sie?«*
Kundin: *»Na, den grünen mit der Goldschrift.«*

13) Kundin: *»Ich suche ›Wer, wie, was‹ oder so ähnlich.«*

14) Kundin: *»Haben Sie das Buch ›Ich weiß bescheid‹?«*

15) Kundin: *»Ich hätte gern ein Buch von Wolfgang Ecke. ›Momo‹ hat der geschrieben.«*

16) Kunde: *»Ich hätte gern das neue Buch von Woody Allen. Das heißt ›Geranien und Kaffeesatz‹.«*

17) Kunde: *»Ich brauche den ›Tod des Handlungsreisenden‹ von Aaron Müller.«*

18) Kunde: *»Haben Sie das Genesis-Lexikon?«*

19) Kunde: *»Ich hätte gern ›Die unendliche Reise‹ von Horst Ende.«*

20) Kundin: *»Ich hätte gern ›Die Perlenschnur‹.«*

21) Kundin: *»Ich hätte gerne von Astrid Lindgren ... gibt es so etwas wie ›Die Brüder Mäusezahn‹?«*

22) Kunde: *»Ich suche das Buch ›Der General kriegt keine Post‹.«*

23) Kunde: *»Ich suche ›Bermudashorts im Dreieck‹.«*

24) Kunde: *»Ich brauche ›Heyne Kontaktwissen‹.«*

25) Kundin: *»Ich suche von Heinrich Heine ›Natürlich schön‹.«*

26) Kundin: *»Haben Sie wieder ›Wenn der Postmann pfeift‹?«*

27) Kundin: *»Ich hätte gern ›Mephisto‹ von Faust.«*

28) Kundin: *»Ich suche das Buch ›Idyllische Ecken‹.«*

29) Kunde: *»Ich suche ein Rikläm-Heft von Kleist. ›Die Reise nach Chile‹.«*

30) Kundin: *»Ich brauche von Janosch ›Die Reise nach Prag‹.«*

31) Kundin: *»Ich hätte gerne ›Hoffentlich guckt die Sau zu‹.«*

32) Kunde: *»Können Sie mir mal ›Die Kinder von der Buttermilchstraße‹ geben?«*

33) Kundin: *»Ich suche ein Buch mit Indianergeschichten. Das heißt ›Pandalini‹.«*

34) Kundin: *»Ich möchte ›Andorra‹ von Stiller.«*

35) Kunde: *»Ich suche ein Buch über Faschismus. Das ist aus dem Paul-Rubinstein-Verlag.«*

36) Kundin: *»Ich hätte gerne ›Nelken und Narzissen‹ von Hermann Hesse.«*

37) Kundin: *»Wo haben Sie ›Goethes Bettgeschichten‹?«*

38) Kundin: *»Haben Sie das Buch ›Schöne neue Welt‹ von Michael Ende?«*

39) Kunde: *»Ich suche von Caesar ›Bellum Galacticum‹.«*

40) Kundin: »*Haben Sie die gesammelten Erzählungen von Andy Plüton?*«

41) Kunde: »*Ich hätte gerne ›Hurra, ich bin da‹.*«

42) Kundin: »*Haben Sie Schriftsteller?*«
Buchhändlerin: »*Ja. Welchen denn?*«
Kundin: »*Ja, so allgemein.*«
Buchhändlerin: »*Ich weiß nicht, was Sie meinen.*«
Kundin: »*Wissen Sie, ich hab' einen Trauerfall in der Familie.*«

43) Kundin: »*Haben Sie von Käutner ›Erich der Detektiv‹ oder so ähnlich?*«

44) Kundin: »*Haben Sie von Orson Welles ›Der Aufstand der Tiere‹?*«

45) Kundin: »*Wo finde ich ›Das Fünf-Minuten-Lexikon‹ von Hermann Hesse?*«

46) Kundin: »*Ich suche das Buch ›Endlich wieder vierzig‹.*«

47) Kunde: »*Haben Sie ›Schuld und Sühne‹ von Tolstojewski?*«

48) Kundin: »*Ich möchte das Buch ›Die Zirkuskatastrophe‹.*«

49) Kundin: »*Ich suche die ›Chronik '82‹ aus dem Jahr 2000.*«

50) Kundin: »*Kennen Sie die Serie ›Himmel und Erde‹? Da soll's jetzt 'nen zweiten Teil geben.*«

51) Kunde: »*Ich suche das Buch, das Sie annonciert haben. ›Die noble Hose‹.*«

52) Kundin: »*Ich suche das Buch, das bis zum Jahr 2000 geht.*«

53) Kunde: »*Haben Sie das Buch von diesem Marquez ›Hundert Jahre schiffbrüchig‹?*«

54) Kunde: »*Ich möchte das Buch ›Skudl‹.*«

55) Kundin: »*Haben Sie das Buch von Thilo Koch ›Die letzten zwanzig Jahre‹?*«

56) Kundin: »*Ich suche von Marie-Louise Kaschnitz ›Mutter Courage‹.*«

57) Kundin: »*Ich hätte gern das Kinderbuch von Konrad Höltinger.*«

58) Kunde: »*Ich suche ein Buch. ›Mein Name ist Gantenberg‹ aus dem Max-Frisch-Verlag.*«

59) Kunde: *»Ich suche das dtv-Buch ›Damals war es friedlich‹.«*

60) Kunde: *»Ich suche das Buch ›Papagalli‹.«*

61) Kunde: *»Gibt es ein Buch ›Leise weine ich in meinen Salat‹?*

62) Kundin: *»Ich suche von Perry Brice ›Die Indianer‹.«*

63) Kundin: *»›Hesse zum Anfassen‹ hätte ich gerne.«*

64) Kunde: *»Ich möchte von Kopelew ›. . . und baute mir einen Garten‹.«*

65) Kundin: *»Ich suche ›Nur der Wind hört mein Stöhnen‹.«*

66) Kundin: *»Ich suche das Buch ›Der Steppenwolf‹ von Heinrich Böll.«*

67) Kundin: *»Haben Sie das Buch ›Hallo, wo bist du‹?«*

68) Kunde: *»Ich brauche das Buch ›Holz aus Sibirien‹.«*

69) Kunde: *»Ich brauche von Brecht ›Das Leben der Gallier‹.«*

70) Kundin: *»Ich brauche die ›Dreigroschenoper‹ von Beethoven.«*

71) Kunde: *»Haben sie jetzt das Buch, auf das ich gewartet habe? ›Grete Weiser in Köln‹?«*

72) Kunde: *»Ich soll ein Buch kaufen. Das heißt ›Ein bißchen Brause‹ und ist von Eduard Zimmermann.«*

73) Kunde: *»Ich suche das Buch ›So weiß wie die Hölle‹.«*

74) Kundin: *»Ein Buch soll ich kaufen. ›In Manuela von Rio‹.«*

75) Kunde: *»Haben Sie das Buch zu dem neuen Film mit dem Pferd?«*

76) Kunde: *»Ich suche von Tolkien ›Das Silwamarin‹.«*

77) Kundin: *»Ich brauche von Bertolt Brecht ›Mach's gut, Senta‹.«*

78) Kunde: *»Ich hätte gern ›Ich bin eine Jannberg‹.«*

79) Kundin: »*Ich hätte gerne Fausttaschenbuch Nummer hundert.*«

80) Kundin: »*Ich möchte von Christine Brückner ›Das schwarze Schaf‹.*«

81) Kunde: »*Haben Sie das Buch von dem Bild-Falstaff?*«

82) Kunde: »*Haben Sie den Kalender von den französischen Imperialisten?*«

83) Kunde: »*Ich hätte gern ein Buch von James Buckner.*«

84) Kundin: »*Ich brauche von Lansburgh ›Wir – du – sie‹.*«

85) Kundin: »*Ich möchte ein Konkordong.*«
Buchhändlerin: »*Was ist das bitte?*«
Kundin: »*Ein Konkordong.*« (nachdrücklich) »*Etwas Christliches. So was wie die Bibel.*«

86) Kunde: *Haben Sie ›Das Fähnlein der sieben Aufgeregten‹?*«

NICHT SCHLECHT, ODER?
17 Romane habe ich geschrieben,
64 Erzählungen,
123 Gedichte,
nebenbei 6 Kinderbücher,
– und jetzt aufgepaßt: 249 Verlage haben den ganzen Rotz bisher kommentarlos zurückgeschickt!
P. GAY

DIE UNTERE SPROSSE DER KARRIERELEITER ODER: MEMOIREN EINES STUDENTEN

Mir ist in dem Hause, in dem ich während meines Wirtschaftsstudiums als Aushilfe tätig bin, kaum eine Abteilung bekannt, die eine so große Aufmerksamkeit verlangt wie der Warenausgang. Ich kann das beurteilen, denn ich habe mehrere Semester lang nichts anderes gemacht. Wichtigste Regel: Stets gut ausgeschlafen zur Arbeit erscheinen. Zwischen zwei und fünf Stunden Schlaf müssen im Notfall nachzuweisen sein. Bedingung Nr. 2: Man sollte die Zahlen von eins bis hundert und mindestens die Hälfte des Alphabets vom Hörensagen kennen. Dieses fundamentale Grundwissen reicht in der Regel völlig aus, denn für die wirklich komplizierten Aufträge wie das Unterscheiden zwischen Päckchen und Drucksachen stehen die Kollegen, die sich dauernd im Lager aufhalten, zur Verfügung. Deren Zahl schwankt zwischen fünf und siebenundvierzig. Je mehr Kunden im Laden stehen, desto weniger Kollegen verlassen das Lager.

Nachdem ich nun die unbedingt notwendigen Kenntnisse kurz umrissen habe, will ich den Ablauf eines Arbeitstages schildern.

Zwischen acht und neun Uhr dreißig sollte man sich morgens am Arbeitsplatz einfinden. Wer später kommt, ist es selbst schuld, denn um zehn Uhr dreißig ist schon Frühstückspause – und wer braucht nicht mindestens zwei Stunden, um sich in Ruhe darauf vorzubereiten? Man betritt das Lager, erfaßt mit einem gekonnten Seitenblick die paketmäßige Lage am Warenausgang, und schon ist es Zeit für die erste Zigarette. Nebenbei kramt man in seinen Taschen nach Kleingeld für den Getränkeautomaten.

Bisher reichte meine Zahlenkenntnis für meine Arbeit voll und ganz aus. Ich zähle die Pakete und Büchersendungen sowieso nur nach der Menge, die ich täglich bearbeite. Daher reicht es, daß ich bis zehn zählen kann. Die Zeit kurz vor und kurz nach der Frühstückspause verbringe ich damit, Bücher zu sortieren, passende Kartons dafür auszusuchen, geschmackvolle Papierstreifen zurechtzuschneiden und schöne bunte Papierschnipsel als Verpackungsbeigabe zurechtzuzupfen. An meinem Arbeitsplatz befindet sich ein Gerät, das die anderen hier als »Waage« bezeichnen. Als altem Autofahrer gab mir das zu denken, denn es müßte doch eigentlich »Wagen« heißen. Aber da dieses Ding weder Lenkrad noch Scheinwerfer hat, wird es wohl doch keiner sein.

Sollen sie es doch nennen, wie sie wollen, man kann jedenfalls viel Spaß damit haben. Wenn keiner hinschaut, dann setze ich mich manchmal auf das Ding drauf. Es federt so schön rauf und runter, und ich komm' mir vor wie auf der Kirmes. Natürlich weiß ich genau, wofür die »Waage« gut ist: Man legt ein Paket drauf, der Zeiger zeigt eine Zahl an, und man darf sich was wünschen. Meistens wünsch' ich mir 'ne andere Zahl, 'ne dolle Zahl mit Komma und vielen Nullen. Die male ich dann vorsichtig auf das Paket. Wenn die anderen das sehen, dann rufen sie: »Seht doch, wie fleißig unser Student ist!«

Alle freuen sich – das wird wohl der tiefere Sinn der »Waage« sein. Mir gefällt das Spiel, und ich spiele es jeden Tag, so oft es geht. Ach ja, hinter meinem Arbeitsplatz steht noch eine »Waage«, wesentlich kleiner zwar, aber dafür gibt es eine Kiste mit kleinen Bleifiguren, die man auf sie stellen kann. Phantastisch!!

Tja, dies war nun eine grobe Beschreibung meines Arbeitsplatzes und meiner Aufgaben. Bisher kann man ja ganz deutlich erkennen, wie wichtig meine Tätigkeit ist. Ohne mich läuft wesentlich weniger.

Ich spiele nebenbei auch noch Bescherung für unsere Kunden, verpacke ihre Bücher, beklebe und verziere die Pakete. Das Bekleben ist oft gar nicht so einfach. Manche Aufkleber wollen ums Verrecken nicht auf dem Paket liegenbleiben. Erst ermahne ich sie, dann droh' ich ihnen, und wenn sie überhaupt nicht gehorchen wollen, dann ersäufe ich sie. Denn zu meiner Ausrüstung gehört auch eine kleine Schale mit Wasser. Da legt man die Aufkleber hinein, und wenn die Schrift verläuft, sind sie erledigt. Ihr Wille ist gebrochen. Ich nehme sie wieder heraus, wringe sie aus und lege sie auf die Pakete. Da liegen sie dann, naß und runzelig. Für diese Fälle habe ich dann einen Pinsel neben dem Wassergefäß stehen. Mit dem werden die Aufkleber wieder glattgestrichen.

Ja, ja, wer auch immer meine Ausrüstung zusammengestellt hat, war genial. Ich sehe schon, ich kann mich von der Beschreibung meiner technischen Ausrüstung einfach nicht lösen. Immer wieder fallen mir neue Dinge ein.

Da gibt es zum Beispiel eine Maschine, die mich an die roten Spielzeug-Feuerwehrautos meiner Kindheit erinnert. Mein Chef hat mir mal erklärt, daß diese Maschine sehr wichtig ist. Wenn man mit ihr »Auto« spielt, dann hinterläßt sie eine rote Bremsspur aus Zahlen und Buchstaben. Und mein Chef sagt, daß das »Porto« hieße. Nun gut, wer statt »Wagen« schon »Waage« sagen muß, der soll meinetwegen zur »Bremsspur« ruhig »Porto« sagen.

Ich glaube, diese Geheimsprache ist ein Zeichen seiner Position. Er sagt, seine Aufgabe sei sehr wichtig und sehr schwierig. Ganz begreife ich das nicht, denn er läuft doch immer nur herum und spricht mit anderen Leuten. Manchmal legt er mir auch die Bücher auf den Tisch, die ich einpacken soll. Vorher sind diese Bücher von meinen Kollegen ausgepackt worden. Ich will ja nicht mit den Leuten streiten, aber lieber wäre es mir, wenn die mir ihre Pakete direkt rübergäben. Das würde allen im Betrieb eine Menge Arbeit ersparen.

Aber zurück zur »Bremsspur«-Maschine. Als mal wenig zu tun war, habe ich dieses Ding genau untersucht. Man kann es verstellen, mit einem Schraubenzieher, dann kommen bei der Bremsspur immer wieder neue Zahlen heraus. Mein Chef sagte mir einmal, daß man die Maschine täglich verstellen müsse. Er nannte es »Datum«, aber das wundert mich schon gar nicht mehr. Mir macht es Spaß, »Datum« zu spielen, also verstelle ich das Gerät mehrmals am Tag, wann immer ich Lust dazu habe.

Eine weitere tolle Sache ist mein privates Telefon. Wenn es klingelt, dann überlege ich mir immer, ob ich drangehen soll oder nicht.

Manchmal überlege ich wohl etwas zu lange, und das schöne Bimmeln hört einfach auf. In solchen Fällen nehme ich den Hörer ab und versuche, den Anrufer zu überreden weiterzuklingeln, aber meistens ist er wohl beleidigt und bestraft mich mit eisigem Schweigen. Manchmal ist noch jemand dran, wenn ich an den Apparat gehe. In diesen Fällen ist es schon zu netten Plaudereien gekommen. Ich erzähle dann aus meinem Leben, frage nach dem Befinden der Kinder und Haustiere und sage Reime auf.

Leider schwätzen die anderen immer dazwischen, fragen nach bestimmten Leuten oder Büchern und führen sich sehr unhöflich auf. Ich rede ja schließlich auch nicht dazuwischen.

Vater meinte früher immer: »Laß dich nicht beirren, mein Sohn!«, also erzähle ich weiter und denke mir: »Wen es interessiert, der hört mir höflich zu, die anderen legen auf, und um die ist es nicht schade.«

Meine Kollegen sind in dieser Hinsicht ja wesentlich schüchterner. Man läßt sie wahrscheinlich nicht ausreden, daher sagen sie immer nur »ja, ja« und legen auf. Manchmal mache ich es auch so, vor allem, wenn ich gerade mit der »Waage« spiele.

Was wäre noch zu erzählen? Ich arbeite wirklich hart, und wenn man mich belohnen will, dann darf ich ein wenig Auto fahren. Die Kollegen packen den Wagen voll mit Paketen, und ich darf die dann verteilen.

In letzter Zeit fahre ich erst einige Stunden durch die Stadt, damit jeder das Schild auf meinem Wagen sieht und unsere Firma berühmt wird. Dann suche ich mir eine große Kreuzung aus, an der viel Betrieb ist, stelle den Wagen auf einem dieser quergestreiften Parkplätze ab und verteile die Pakete an Kinder, alte Leute und alleinstehende Mütter. Von dem Trinkgeld gehe ich dann tanken und fahre zurück zum Geschäft.

Wenn es aber draußen regnet, dann gebe ich die ganzen Sachen bei diversen Kiosken ab und bitte die Besitzer, die Pakete an die Leute zu verteilen, deren Namen auf den Aufklebern stehen. Wer sein Buch wirklich braucht, wird es wohl suchen, also brauche ich mir deswegen überhaupt keine Sorgen zu machen.

Mein Chef sagt: »Jeder muß sein Buch rechtzeitig

bekommen.« Das ist natürlich Unfug. Ich habe nie genug Bücher für jeden dabei, den ich unterwegs treffe. Und woher soll ich wissen, ob einer sein Buch wirklich rechtzeitig am Kiosk abholt und nicht etwa zu früh?

Aber mein Chef ist mein Chef, also wird er schon wissen, warum er so etwas sagt.

Ich habe lange davon geträumt, einmal im Wareneingang arbeiten zu dürfen. Aber die Karriereleiter ist sehr steil. Man muß wirklich sehr gut sein, um dorthin zu kommen. Vor allem muß man genau arbeiten!

Ich kann auch genau arbeiten. Im Laufe meiner Zeit hier habe ich g e n a u fünfzehn Löcher in meinen Tisch gepult. Das hat mir jemand erzählt, der so weit zählen kann.

Tja, und weil sich soviel Fleiß und Genauigkeit herumsprechen, bin ich eines Tages schließlich doch ins Gespräch gekommen. Ich hatte es geahnt: Ich sollte befördert werden!

Endlich! Ich würde meinen alten Arbeitsplatz vermissen, ganz bestimmt. Vor allem die »Waage«.

Aber im Wareneingang gibt es auch tolle Dinge. Da ist zum Beispiel dieses Gerät, das die kleinen Klebezettel mit den Zahlen ausspuckt.

Oder dieses Tesafilm-Ding. »Tesafilm«, hm, ein merkwürdiger Name. Ich habe es schon oft beobachtet, aber diesen Film finde ich äußerst langweilig. Wer immer »Tesa« sein mag, ein großer Star wird sie bestimmt nicht werden.

Aber die Arbeit selbst macht mir viel Spaß: statt Bücher einzupacken, darf ich sie jetzt auspacken. Es wurde ja auch mal Zeit, daß sich etwas ändert. Man hat ja keine Lust, sein Leben lang Weihnachtsmann für andere zu spielen. Vor allem dann nicht, wenn man selbst so gerne Geschenke bekommt und auspackt! So ist das nun mal im Leben. Man will ja weiterkommen, will ja was werden – und Spaß soll es auch machen.

Mein Chef hat recht: Wir sind die Stütze der Firma, und nicht nur, weil wir im Keller sitzen. Jedes Buch geht durch unsere Hände. Von unserem Arbeitstempo hängt letztlich das Tempo des gesamten Hauses ab. Hm, na ja, daran kann man ja vielleicht noch etwas verbessern...

Ich bin jetzt seit nahezu einer Woche befördert und lebe richtig auf. Ich mache alles genau wie die anderen: mache Striche auf die Lieferscheine, verstelle meine neue Maschine und kann auch mit dem Beutel umgehen, den die anderen „Schnapskasse" nennen und in dem die Münzen so lustig klimpern. Ab und zu wird der Beutel herumgereicht, und dann nehme ich mir auch immer ein paar Mark.

Ansonsten lerne ich jeden Tag dazu und sage zur »Bremsspur« jetzt auch schon ganz selbstverständlich »Porto«.

AUFLÖSUNGEN

1) ›*Der Butt*‹
2) Enid Blyton
3) J. R. R. Tolkien ›*Der kleine Hobbit*‹
4) Janosch ›*Oh, wie schön ist Panama*‹
5) David Macauly ›*Sie bauten eine Kathedrale*‹
6) Christiane F. ›*Wir Kinder vom Bahnhof Zoo*‹
7) Tatjana Hauptmann ›*Adelheid Schleim*‹. Tatjana Hauptmann veröffentlichte vorher ›*Ein Tag im Leben der Dorothea Wutz*‹
8) Janosch ›*Oh, wie schön ist Panama*‹
9) George Orwell
10) Albert Camus
11) ›*Ein Autobus, groß wie die Welt*‹
12) Der Große Brockhaus
13) Korschunow ›*Die Wawuschels mit den grünen Haaren*‹
14) ›*Ich sag dir alles*‹
15) Michael Ende
16) Mary Ellen
17) Arthur Miller
18) ›*Das Guinness-Buch der Rekorde*‹
19) Michael Ende ›*Die unendliche Geschichte*‹
20) Hermann Hesse ›*Das Glasperlenspiel*‹
21) ›*Die Brüder Löwenherz*‹

22) Garcia Marquez ›*Der Oberst hat niemand, der ihm schreibt*‹
23) Berlitz ›*Das Bermuda-Dreieck*‹
24) Heyne Kompaktwissen
25) Stephanie Faber ›*Natürlich schön*‹, Heyne Verlag
26) J. M. Cain ›*Wenn der Postmann zweimal klingelt*‹
27) Klaus Mann ›*Mephisto*‹
28) Eine Mappe mit Graphiken von Dingwerth ›*Stille Winkel*‹
29) Kleist ›*Das Erdbeben in Chili*‹, Reclam Verlag
30) ›*Oh, wie schön ist Panama*‹
31) F. K. Waechter ›*Wahrscheinlich guckt wieder kein Schwein*‹
32) Baer ›*Die Magermilchbande*‹
33) ›*Der Papalagi. Die Reden des Südseehäuptlings Tuiavii aus Tiavea*‹
34) Max Frisch, der auch ›*Stiller*‹ schrieb
35) Pahl-Rugenstein
36) ›*Narziss und Goldmund*‹
37) ›*Kleine Bettlektüre für große Goethe-Freunde*‹
38) ›*Die unendliche Geschichte*‹
39) ›*De bello Gallico*‹
40) Enid Blyton
41) Breinholst ›*Hallo, hier bin ich*‹
42) Briefsteller
43) Erich Kästner ›*Emil und die Detektive*‹
44) George Orwell ›*Die Farm der Tiere*‹
45) Hermann Hesse ›*Lektüre für Minuten*‹

Kubelka *›Endlich über vierzig‹*
Dostojewski
48) *›Die Zinskatastrophe‹*
49) *›Chronik des 20. Jahrhunderts‹*
50) David *›Ein Stück Himmel‹* und *›Ein Stück Erde‹*
51) Clavell *›Noble House Hongkong‹*
52) *›Chronik des 20. Jahrhunderts‹*
53) Garcia Marquez *›Hundert Jahre Einsamkeit‹* und *›Bericht eines Schiffbrüchigen‹*
54) Judith Krantz *›Skrupel‹*
55) *›Chronik des 20. Jahrhunderts‹*
56) Bert Brecht
57) Christine Nöstlinger *›Konrad, das Kind aus der Konservenbüchse‹*
58) Max Frisch *›Mein Name sei Gantenbein‹*
59) Richter *›Damals war es Friederich‹*
60) *›Der Papalagi‹*
61) Erma Bombeck *›Nur der Pudding hört mein Seufzen‹*
62) Christian Unucka *›Karl May im Film‹*
63) Hermann Hesse *›Lektüre für Minuten‹*
64) *›. . . und schuf mir einen Götzen‹*
65) Erma Bombeck *›Nur der Pudding hört mein Seufzen‹*
66) Hermann Hesse
67) Breinholst *›Hallo, hier bin ich‹*
68) Heinz G. Konsalik *›Ein Kreuz in Sibirien‹*
69) *›Leben des Galilei‹*

70) Bert Brecht

71) Louise Brooks *›Lulu in Berlin und Hollywood‹*

72) Dieter Zimmer *›Für'n Groschen Brause‹*

73) D. M. Thomas *›Das weiße Hotel‹*

74) *›Emanuelle‹* bei rororo

75) Peter S. Beagle *›Das letzte Einhorn‹*

76) *›Das Silmarillion‹*

77) Berte Bratt

78) Jannberg *›Ich bin ich‹*

79) Goethe *›Faust‹*, Insel TB 100

80) *›Mein schwarzes Sofa‹*

81) Walraff *›Der Mann, der bei BILD Hans Esser war‹*

82) Impressionisten

83) Jeans-Bücher im Otto Maier-Verlag

84) *›Dear Doosie‹*

85) Der Koran

86) Gottfried Keller *›Das Fähnlein der sieben Aufrechten‹*